Fotos von Ulrike Köb und Daisuke Akita

eat design

Sonja Stummerer & Martin Hablesreiter

Metroverlag

Konzept, Styling, Texte und grafische Gestaltung
Concept, Syling, Text, and Graphic Design
Sonja Stummerer, Martin Hablesreiter – honey & bunny

Fotografien | Photographs
Ulrike Köb, Daisuke Akita

Fotokonzept | Photo Concept
honey & bunny

Fotoassistenz | Photo Assistant
Margarethe Götz

Druckvorstufe | PrePrint
pixelstorm

Schrift | Fonts
Alda, entworfen von | designed by Berton Hasebe

Lektorat Deutsch | German Proofreading
Eva Krauskopf, Kerstin Krenn

Übersetzung | Translation
Kimi Lum

Lektorat Englisch | English Proofreading
Friederike Kulcsar

Coverfoto | Cover Photo
Ulrike Köb

ISBN 978-3-99300-152-0

Copyright © 2013 by Metroverlag
Verlagsbüro W. GmbH.
1010 Wien, Herrengasse 6–8/1/28
www.metroverlag.at

Printed in the EU
Gedruckt auf säurefreiem, chlorfrei gebleichtem Papier, TCF
Printed on acid-free and chlorine-free bleached paper, totally chlorine free

⁋ Gedruckt mit Unterstützung des Bundesministeriums für Unterricht, Kunst und Kultur und der Kulturabteilung der Stadt Wien, Wissenschafts- und Forschungsförderung.

⁋ Printed with the support of the Federal Ministry for Education, Arts and Culture, as well as of the Cultural Department of the City of Vienna, Promotion of Science and Research.

10	**Einleitung**	**Introduction**
18	**Werkzeuge**	**Tools**
28	¶ Löffel	¶ Spoon
38	¶ Messer	¶ Knife
50	¶ Gabel	¶ Fork
58	¶ Besteckset	¶ Cutlery Set
62	¶ Essgeschirr	¶ Eating Dishes
68	¶ Teller	¶ Plate
82	¶ Trinkgefäß	¶ Drinking Vessel
94	¶ Service	¶ Service
100	¶ Textile Werkzeuge	¶ Textile Tools
112	¶ Conclusio	¶ Conclusion
122	**Möbel**	**Furniture**
128	¶ Tisch	¶ Table
138	¶ Stuhl	¶ Chair
152	¶ Kredenz, Anrichte und Geschirrvitrine	¶ Credenza, Dresser, and China Cabinet
158	¶ Tisch und Stuhl	¶ Table and Chair
164	**Räume**	**Spaces**
168	¶ Esszimmer	¶ Dining Room
180	¶ Wirtshaus und Restaurant	¶ Pubs and Restaurants
192	¶ Essen unterwegs	¶ Eating On the Go
202	**Kleidung**	**Attire**
214	**Literatur**	**Bibliography**
218	**Dank und Sponsoren**	**Acknowledgments and Sponsors**

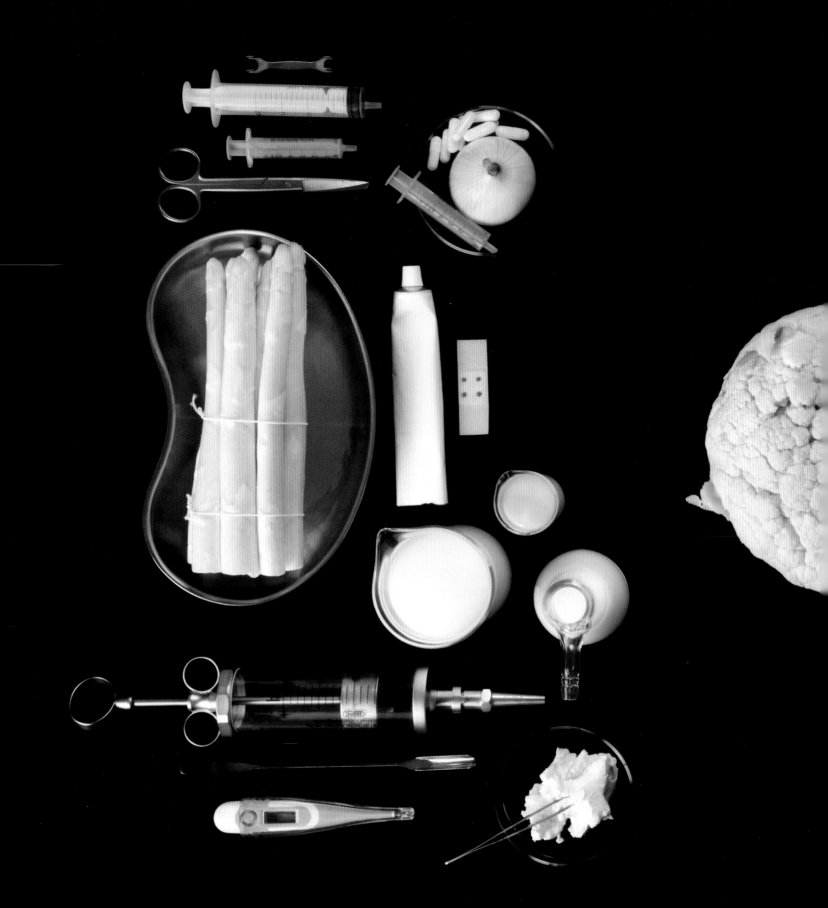

Einleitung | Introduction

Tisch und Stuhl geben die Körperhaltung während des Essens vor, Besteck, Teller und Gläser legen fest, mit welchen Handgriffen wir die Speisen zum Mund führen.

Tables and chairs determine our posture during the meal. Cutlery, plates, and glasses dictate how we maneuver food and drink to our mouths.

Essen ist die Voraussetzung für Leben. Ohne Nahrung kann ein Organismus seinen Stoffwechsel nicht aufrechterhalten, und er geht zugrunde. Beim Menschen kommt neben dieser rein physiologischen Funktion des Essens noch eine weitere Dimension hinzu: Die Nahrungsaufnahme ist ein wichtiger Teil unseres individuellen wie sozialen Selbstverständnisses. Denn die Art und Weise, wie wir essen, ist biologisch nicht zwingend vorgegeben, sondern kulturell erlernt.

¶　Beim Essen umgeben wir uns ganz bewusst mit bestimmten Gegenständen, Materialien und Farben, die uns in eine appetitanregende, dem Genuss zuträgliche Stimmung versetzen. Geschirr, Dekorationsobjekte, Lichtverhältnisse und Geräuschkulisse haben einen starken Einfluss darauf, ob es uns schmeckt oder nicht. Möbel und Tischutensilien tragen allerdings nicht nur optisch zu unserem Wohl- oder Un-Wohlbefinden bei, sondern sie steuern auch unser Verhalten. Tisch und Stuhl geben die Körperhaltung während des Essens vor, Besteck, Teller und Gläser legen fest, mit welchen Handgriffen wir die Speisen zum Mund führen. Während uns Sitzmöbel und Tischplatten in unserer Position zur Gemeinschaft fixieren, definiert das Gedeck den Bewegungsspielraum des Oberkörpers.

¶　Der natürliche Zwang zu essen wird in jeder Gesellschaft durch ein strenges System von Konventionen und Regeln eingeschränkt, die vorgeben, wie die Konsumation konkret vonstatten zu gehen hat. Das Buttermesser beim Frühstück zum Öffnen eines Briefes zu benutzen, widerspricht den ungeschriebenen Gesetzen der Etikette, an die wir uns oft strenger halten als an so manchen »echten« Paragrafen. Rigoros ordnen wir Gegenstände bestimmten Nutzungssphären zu und folgen – sei es aus Gewohnheit oder Konformismus – widerspruchslos den dazugehörigen Gebrauchsanweisungen.

Eating is essential to life. Without nourishment an organism is no longer able to maintain its metabolism and perishes. With humans, there is another dimension to eating along with the purely physiological one: Food intake is an important part of our individual and social self-image because the way we eat is not biologically programmed but culturally acquired.

¶　When we eat, we consciously surround ourselves with certain instruments, materials, and colors that stimulate our appetite and set the mood for enjoyment. Dishes, decorative objects, lighting conditions, and ambient sound strongly influence whether or not our food tastes good. But not only do furniture and table implements visually contribute to our sense of well-being, they also control our behavior. Tables and chairs determine our posture during the meal. Cutlery, plates, and glasses dictate how we maneuver food and drink to our mouths. While chairs and tabletops establish our position within the group, the place setting defines the elbow room allotted to us.

¶　In every society there is a strict system of conventions and rules that curb man's natural eating instinct and specify how consumption is to proceed. To open a letter with a butter knife at the breakfast table goes against the unwritten rules of etiquette, which we often adhere to more strictly than to many other "real" laws. We assign objects specific functions and – whether out of habit or conformity – use or don't use them exactly as convention dictates.

Burgunderkelche werden in den seltensten Fällen als Vasen und schon gar nicht als Zahnputzbecher verwendet, und wer eine Gabel zum Kämmen missbraucht, gilt als Barbar. Unter dem Tisch zu sitzen, auf dem Sessel zu stehen oder eine Zange statt einer Gabel zu verwenden, kommt uns erst gar nicht in den Sinn. Essgeräte und der vordefinierte Umgang mit ihnen unterscheiden die Nahrungsaufnahme von anderen Alltagstätigkeiten. Dies streicht ihre übergeordnete Bedeutung hervor. Sie ritualisieren das Essen.

Warum konnten sich im Laufe der vergangenen Jahrhunderte gewisse Gegenstände zum Gebrauch während des Essens durchsetzen und andere nicht? Wie entstand das Esszimmer und welche kulturellen Strömungen führten dazu, dass wir es mit Tisch, Stuhl und Kredenz einrichten und nicht mit anderen Objekten?

Warum konnten sich im Laufe der vergangenen Jahrhunderte gewisse Gegenstände zum Gebrauch während des Essens durchsetzen und andere nicht?

Why, over the past centuries, have certain eating tools prevailed while others have come and gone?

Die Esssituation wird unter anderem von folgenden Faktoren geprägt:

- den Werkzeugen und Utensilien, die wir benutzen, um das Essen auszuteilen, zu zerkleinern und zum Mund zu führen;
- den Möbeln, die wir während des Essens benutzen, um die Nahrung abzustellen und eine bestimmte, für die Nahrungsaufnahme typische Körperhaltung einzunehmen;
- Räumen und Orten, die wir als Essumgebung akzeptieren oder umgekehrt, die wir beim Essen meiden;
- Kleidungsstücken und Accessoires, die wir beim Essen tragen – oder nicht tragen (sollen);
- und einem Verhaltenskodex, wie all diese Umgebungen und Utensilien zu benutzen sind.

A burgundy glass is seldom employed as a vase and certainly not as a toothbrush holder, and to comb one's hair with a fork is simply barbaric. No one would think of sitting under the table, standing on a chair, or eating with a pair of tongs instead of a fork. Table utensils and their predetermined manner of use set eating apart from other everyday activities and underscore the higher significance of these implements: They ritualize eating.

Why, over the past centuries, have certain eating tools prevailed while others have come and gone? How did the dining room evolve, and which cultural influences have led us to appoint it with tables, chairs, and china cabinets instead of other furnishings?

The eating situation is informed by the following factors, among others:

- the tools we use to serve, cut up, and transfer food to our mouths;
- the furniture upon which we place the food during a meal and assume the typical dining posture
- spaces and places we accept as eating; environments or, vice versa, ones we avoid in connection with eating;
- clothing and accessories we do or don't (or shouldn't) wear when eating;
- a code of conduct governing how all these utensils are to be used.

Der scheinbar intime Moment des Essens folgt in Wahrheit vorgegebenen, »designten« Verhaltensmustern.

The seemingly intimate act of eating in fact follows preprogrammed, "designed" behavioral patterns.

¶ Das vorliegende Buch beleuchtet den Speiseakt in all seinen Design-Facetten. Anhand von Erfindungen wie dem Löffel, der Porzellantasse oder dem Selbstbedienungstresen dokumentiert das Buch, dass der scheinbar intime Moment des Essens in Wahrheit vorgegebenen, »designten« Verhaltensmustern folgt. Der Gebrauch einer Damastserviette, eines Fischmessers oder eines simplen Suppenlöffels zeigt, wer wir sind und woher wir kommen. Wenn wir unseren Kindern mühevoll das perfekte Handling von Messer und Gabel beibringen, so liefern wir ihnen die Grundprinzipien unserer Gesellschaftsordnung gleich mit. Mit der Tradition, jeden Gang einzeln zu servieren und die Teller danach sofort wieder abzuräumen, ordnen wir uns zum Beispiel (freiwillig) den vorherrschenden Hierarchien wie dem Patriarchat unter. In anderen Ländern bleibt das benutzte Geschirr bis zum Ende des Essens am Tisch stehen, damit keiner den anderen bedienen muss.

¶ »Eat Design« ist ein Designbuch über Esswerkzeuge, Tischutensilien und Kleidungsvorschriften. Es geht den historischen und sozialen Hintergründen unseres Essverhaltens auf den Grund und zeigt, wie Gestaltungsfragen rund um den Konsum von Nahrung den Lebensstil ganzer Gesellschaften prägen.

¶ This book examines the act of eating in all its design facets. Drawing on such inventions as the spoon, the porcelain cup, or the self-service tray line, the authors document the thesis that the seemingly intimate act of eating in fact follows preprogrammed, "designed" behavioral patterns. The use of a damask napkin, a fish knife, or a simple soup spoon shows who we are and where we come from. When with patient effort we teach our children the perfect way to handle a knife and fork, we are at the same time instilling in them the basic principles of our social order. With the tradition of serving each course separately and clearing the used plates immediately afterwards, we subject ourselves (voluntarily) to prevailing hierarchies, patriarchy for example. In other countries used dishes remain on the table until the end of the meal so that no one has to wait on anybody else.

¶ "Eat Design" is a design book about eating tools, table utensils, and dress codes. It explores the historical and social background of our eating behavior and shows how design issues about food and eating can determine the lifestyle of entire societies.

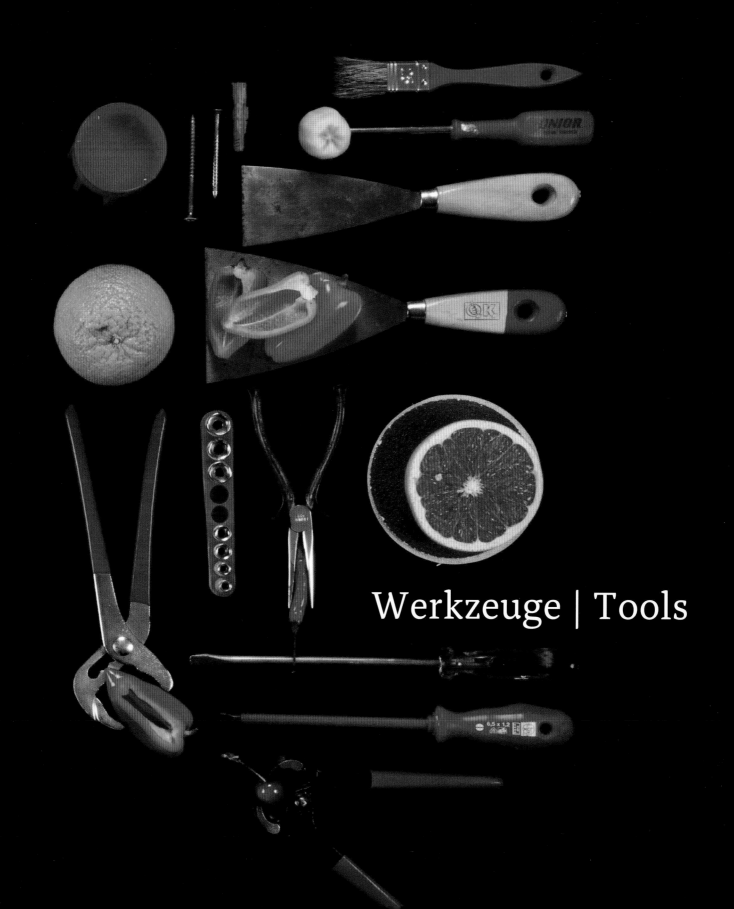

Werkzeuge | Tools

Werkzeuge – Auf der Suche nach dem Sinn von Messern, Gabeln, Tellern, Stäbchen und anderen Essinstrumenten

Im Gegensatz zu allen anderen Lebewesen haben wir Menschen zahlreiche Gegenstände entwickelt, um unsere Nahrungsaufnahme zu gestalten. Nahezu jede Kultur verwendet Werkzeuge, Behältnisse und Textilien, um ihr Essen anzurichten und zu konsumieren. Diese Gerätschaften können die Kalorienzufuhr erleichtern, etwa indem sie den Verzehr von Heißem oder Flüssigem ermöglichen. Sie dienen aber auch dazu, den Speiseakt zu immer gleichen Ritualen zu überformen. Denn Essinstrumente – von der Gabel bis zum Weinkelch – betten die Nahrungsaufnahme sozial und religiös in unser Leben ein und verwandeln den Vorgang des Essens von einem naturgegebenen in einen gesellschaftspolitischen Akt.

¶ Wie sich jemand konkret seine Nahrung einverleibt, ist daher eine Frage der Kultur, in der er oder sie aufgewachsen ist, und keine Folge individueller Vorlieben oder praktischer Erwägungen. In Ostasien isst man mit Stäbchen aus tiefen Schüsseln, in Indien mit den Fingern von Bananenblättern, in Europa mit stählernem Besteck von flachen Tellern – und all das keineswegs aus rationalen Überlegungen heraus, sondern als Ausdruck einer bestimmten Geisteshaltung. Die Weltbevölkerung unterteilt sich also nicht nur in Männer und Frauen oder in Menschen unterschiedlicher Hautfarbe, sondern auch in Gabel-, Stäbchen- und FingeresserInnen. Dass die jeweiligen AnhängerInnen ihre Konsumationsweise als die einzig richtige verteidigen und auf die anderen Gruppen herabblicken, versteht sich von selbst. Denn stichhaltige Erklärungen, warum man seine Gerichte besser mit dem einen oder dem anderen Werkzeug zum Mund führen soll, existieren kaum.

Was, wie und wie viel wir essen, hängt auch davon ab, welche Werkzeuge wir dazu benutzen. Mit Messer und Gabel beispielsweise essen wir langsamer und daher weniger als mit Löffel oder Fingern.

What, how, and how much we eat depends on which tools we use to do so. With a knife and fork, for example, we eat more slowly and thus less than we would with a spoon or our hands.

Tools – Tracing the Meaning of Knives, Forks, Plates, Chopsticks, and other Eating Utensils

Unlike all other creatures, we humans have developed numerous objects to orchestrate the intake of nourishment. Nearly every culture uses tools, containers, and textiles to prepare and consume its food. These instruments can facilitate the eating process, for example, by enabling the ingestion of hot or liquid foods, but they also serve to transmute the act of eating into repetitive rituals. From the fork to the goblet, our dining utensils socially and religiously embed eating into our lives and transform this process from a basic natural act to a socio-political one.

¶ The specific manner in which we consume our food thus depends on the cultural circumstances of our upbringing and is not the result of individual preferences or practical considerations. In East Asia they use chopsticks and bowls; in India people eat from banana leaves with their fingers; in Europe we use metal implements and plates – and none of this has anything to do with rational decisions but is, instead, the expression of a certain mentality. Thus the human population at large cannot only be divided into men and women or into categories according to skin color but also into people who eat with forks, chopsticks, or their fingers. It goes without saying that the proponents of each group defend their way of eating as the only right way and look down upon the other groups, for there are few convincing arguments to support the superiority of either of these tools over the others.

*Die Weltbevölkerung
unterteilt sich nicht
nur in Männer
und Frauen oder
in Menschen
unterschiedlicher
Hautfarbe, sondern
auch in Gabel-,
Stäbchen- und
FingeresserInnen.*

*The human popula-
tion at large cannot
only be divided into
men and women
or into categories
according to skin
color but also into
people who eat with
forks, chopsticks,
or their fingers.*

Ganz im Gegenteil: Die Ess-Utensilien, die sich im Laufe der Zeit in den unterschiedlichen Zivilisationen entwickelt haben, sind mit wenigen Ausnahmen ebenso wie ihre Handhabung kompliziert, teuer und im Grunde mühsam. Kinder benötigen Jahre, um den »richtigen« Umgang mit ihnen zu erlernen, wobei der Sinn dieser Gebrauchsvorschriften oft schwer zu durchschauen ist: *»Viele dieser Regeln sind willkürlich, und genau diese Willkür erhöht ebenso wie das Stimmengewirr der widersprüchlichen Regeln die von der sozialen Distinktion erforderten Kompetenzen.«*[1]

¶ Gegenstände dominieren unseren Alltag, solche, die wir zum Essen benutzen, vielleicht noch intensiver als so manche andere Objekte. Dennoch schenken wir ihnen vergleichsweise wenig Aufmerksamkeit und nehmen ihre Existenz, ihre Gestaltung und ihre Beschaffenheit mehr oder weniger widerstandslos als gegeben hin. Dabei beeinflussen sie unser Leben nachhaltig. Was, wie und wie viel wir essen, hängt nämlich auch davon ab, welche Werkzeuge wir dazu benutzen. Mit Messer und Gabel beispielsweise essen wir langsamer und daher weniger als mit einem Löffel oder den Fingern. Diese Besteckteile verfolgen heute also eher die Aufgabe, das Essen zu erschweren, als es zu erleichtern. Die ursprüngliche Funktion der Gabel[2] war dagegen eine ganz andere: Aristokratische Damen wollten sich die Finger nicht färben, wenn sie Beeren oder dunkles Obst aßen.

1   *Kaufmann, 2006, S. 96*
2   *als Teil des individuellen Gedecks*

On the contrary, the eating utensils themselves as well as their handling methods – regardless of the civilizations in which they developed – are all complicated, expensive, and cumbersome. It takes children years to learn the "right" way to use them, and it is not always easy to make sense of the conventions, many of which are arbitrary. *"And it is precisely this arbitrariness, along with the babble of conflicting rules, that places higher demands on the competencies informing social distinction."*[1]

¶ Objects dominate our everyday lives, those used for eating perhaps to an even greater extent, yet we pay them comparatively little attention and take their existence, design, and material composition more or less wordlessly for granted. And all this despite the fact that they have a powerful influence on our lives. What, how, and how much we eat depends on which tools we use to do so. With a knife and fork, for example, we eat more slowly and thus less than we would with a spoon or our hands. Thus the task of these instruments today is not to facilitate eating but to make it more difficult. The purpose of the fork[2] was originally quite different: Aristocratic ladies didn't want to sully their fingers when eating berries or dark fruits.

1   *Kaufmann, 2006, p. 96*
2   *as part of the individual place setting*

Gegenstände, die wir zum Essen gebrauchen, verwandeln das wilde, unkontrollierte »Fressen« in kontrollierte Abläufe mit immer gleichen Gesten.

The objects we use for eating turn ravenous, "uncontrolled" feeding into disciplined processes made up of repetitive gestures.

¶ Gegenstände, die wir zum Essen gebrauchen, verwandeln das wilde, unkontrollierte »Fressen« in kontrollierte Abläufe mit immer gleichen Gesten. Während der Verzehr von Kartoffelchips aus der Packung oder einer Wurstsemmel aus dem Papier eher einer animalischen, unkontrollierten Triebbefriedigung dient, wird die Nahrungsaufnahme durch Messer, Gabel oder Stäbchen ritualisiert. Gemeinsam mit der fix vorgegebenen Art ihres Gebrauchs zwängen sie die Kalorienzufuhr in ein Korsett immer gleicher Handlungsmuster.

¶ Klingen, Spieße und Kellen fordern uns genauso wie zwei hölzerne Stäbchen dazu auf, Speisen und Getränke in einem großteils vorgegebenen Bewegungsablauf zu uns zu nehmen und unser Verhalten einer Gruppe unterzuordnen. Sie sind nicht nur Hilfsmittel, sondern gleichzeitig auch Kontrollwerkzeuge, die das Essen in eine Zeremonie verwandeln, die wenig individuellen Handlungsspielraum zulässt und so gemeinschaftliche Identität erzeugt. Gerätschaften und die dazugehörigen Gebrauchsanweisungen sorgen für ein erwartbares Verhalten und schaffen dadurch emotionale Übereinstimmung in der Gruppe.[3] Betrachtet man das Essritual als eine kulturell stilisierte Reaktion auf die Umwelt, dann tragen die Esswerkzeuge dazu bei, dieses vorhersehbare Handeln herbeizuführen.[4]

3   vgl. Sorgo, in: Brugger, Eipeldauer, 2010, S. 69
4   Die Vermutung liegt nahe, dass andere Gerätschaften andere Verhaltensweisen nach sich ziehen würden. Umgekehrt hätten sich in einer anders strukturierten Gesellschaft vermutlich anders gestaltete Esswerkzeuge herauskristallisiert und durchgesetzt.

¶ The objects we use for eating turn ravenous, "uncontrolled" feeding into disciplined processes made up of repetitive gestures. When we eat chips straight from the bag or a hamburger out of its paper wrapper, we are satisfying an uncontrolled, animalistic drive, whereas with a knife and fork or chopsticks we ritualize the food consumption process. Together with their predefined modes of use these instruments press calorie intake into a corset of behavioral patterns.

¶ Blades, skewers, and ladles force us, as do a pair of wooden sticks, to consume food and drinks in a largely determined sequence of motions and to conform to the behavior of a group. They are not only helpful tools but also instruments of control, which transform eating into a ceremony that leaves very little margin for individual action and thus spawns group identity. Utensils and their prescribed use produce expected behavior and in this way create emotional consensus within the group.[3] If we view the ritual of eating as a culturally stylized reaction to one's environment, then eating tools play a role in inducing this predictable behavior.[4]

3   cf. Sorgo, in: Brugger, Eipeldauer, 2010, p. 69
4   One can speculate that other instruments would provoke other behavior and conversely that in a differently structured society differently designed eating implements would have evolved and prevailed.

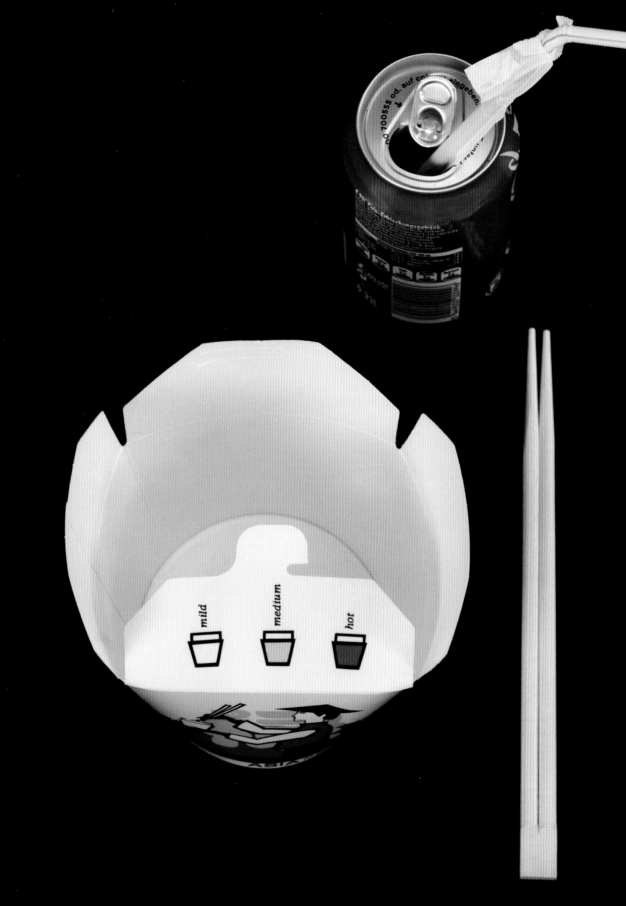

Gebrauchsgegenstände steuern unser Verhalten. Die Wahl der Essinstrumente ist nicht nur eine Frage des Lebensstils, sondern auch eine der Weltanschauung.

Articles of every-day use govern our behavior. Our choice of eating instruments is not only a question of lifestyle but also an expression of how we view the world.

¶ Die Verwendung derselben Essinstrumente in derselben Weise schafft internen Zusammenhalt – und schließt anders Essende gleichzeitig aus. Dabei genügen schon kleinste Unterschiede der angelernten Bewegungsabläufe, um auf Ablehnung zu stoßen. Die amerikanische Art zum Beispiel, Fleisch am Teller vorzuschneiden, anschließend die linke Hand unter dem Tisch aufs Knie zu legen und mit der Gabel in der rechten Hand zu essen, wird auf dem alten Kontinent nicht eben goutiert. Auch wenn Reisende oft dazu bereit sind, sich an fremde Tischsitten anzupassen und etwa in Afrika mit den Fingern oder in China mit Stäbchen essen, so reicht diese Höflichkeit der Anpassung nicht so weit, in den USA die linke Hand unter den Tisch fallen zu lassen. Und das, obwohl viele AmerikanerInnen die europäische Art zu essen als aufgesetzt und gespreizt empfinden.

¶ Gebrauchsgegenstände steuern unser Verhalten. Die Wahl der Essinstrumente ist nicht nur eine Frage des Lebensstils, sondern auch eine der Weltanschauung. Gabel, Messer, Teller und Co erfüllen allesamt Funktionen, die man leicht auch anders, manchmal sogar besser bewerkstelligen könnte, wie wir aus den Tischsitten anderer Kulturen wissen. Was hat ihr Gebrauch also für einen Sinn? Warum löffeln wir Suppe aus der Suppentasse, wenn wir sie ebenso gut daraus trinken könnten?

¶ Using the same eating implements in the same manner produces internal cohesion – and simultaneously excludes those who eat differently. Even the slightest deviation from the sequences of learned motions is enough to arouse disapproval. The American practice of cutting up one's meat at the beginning of the meal, then using one hand to eat with a fork, while the other hand rests idly on one's knee is frowned upon in the Old World. And although Europeans are often willing to adopt foreign table manners when traveling – eating with one's fingers in Africa or with chopsticks in China, for example – such polite assimilation invariably stops short of resting one's left hand under the table when dining in the USA. Interestingly, in contrast, many Americans find the European way of eating somewhat stilted.

¶ Articles of everyday use govern our behavior. Our choice of eating instruments is not only a question of lifestyle but also an expression of how we view the world. Fork, knife, plate & co. all serve functions that – as we know from the dining customs of other cultures – can easily, sometimes more efficiently, be fulfilled in other ways. So why do we use them? Why spoon soup when it's easier to drink it straight from the bowl?

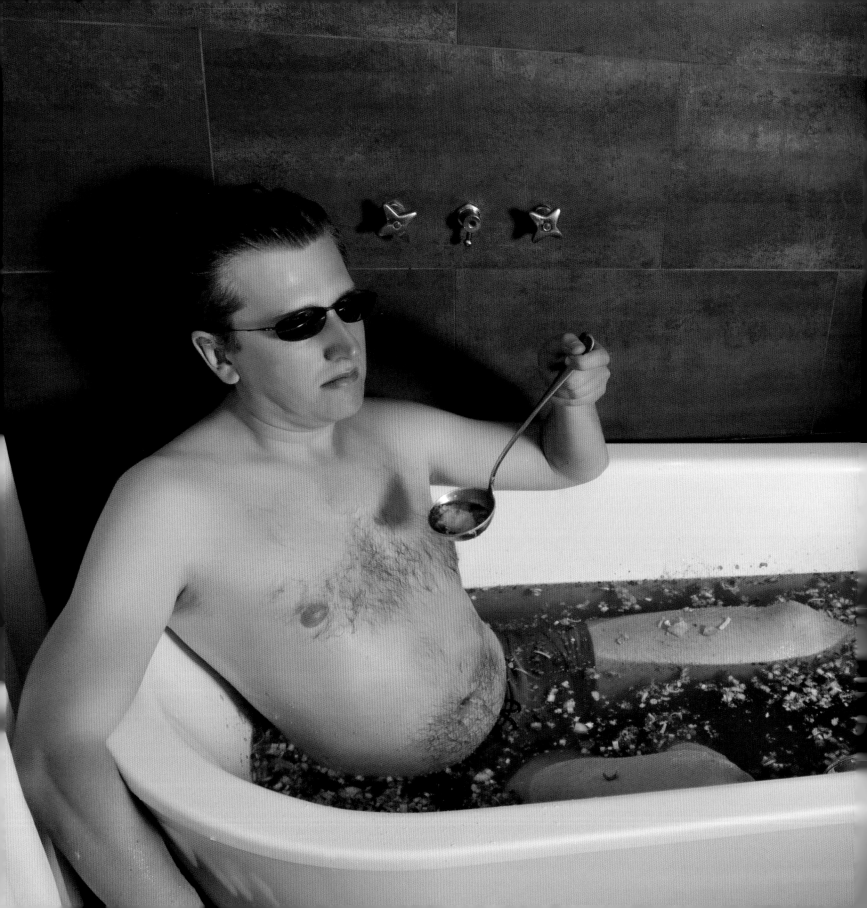

Löffel | Spoon

Löffel

Das älteste, universellste – und bis heute unumstrittenste – Tafelgerät ist der Löffel. Er begleitet uns täglich, ein Leben lang, bis zu jenem Augenblick, in dem wir ihn, eben den Löffel, wieder abgeben. Nach dem gestalterischen Vorbild der hohlen, zu einer Kelle geformten Hand, dient er schon seit Jahrtausenden dazu, flüssige und breiige Nahrung zum Mund zu führen. Bereits in der Altsteinzeit aß man mit handgeschnitzten Löffeln aus Knochen oder Horn. Im alten Ägypten war er ebenso in Verwendung wie in den antiken Mittelmeerkulturen. Die Römer benutzten kleine Löffel aus Holz, Knochen, Bronze oder Silber, um Eier, Schnecken oder Muscheln zu essen. Die spitzen Löffelstiele dienten dabei gleichzeitig als Spieß.[1]

❡   Ursprünglich waren Löffel keine simplen Gebrauchsgegenstände, sondern ein kostbarer Besitz, den man ständig bei sich trug. Bis in die Mitte des 19. Jahrhunderts hinein waren Holzlöffel das wichtigste und oft auch das einzige Esswerkzeug. Löffel aus Metall dagegen waren Luxusgegenstände und alles andere als alltäglich.[2] Zwar entstanden ab dem 15. Jahrhundert im Umfeld von Eisenerzvorkommen und Verhüttungsbetrieben einzelne Löffelmachereien, in denen Metalllöffel in größerer Stückzahl erzeugt wurden. Allerdings war das Schmieden eines Löffels aus einem ganzen Stück Rohmetall eine durchaus mühsame Prozedur, die die Tageskapazität eines Arbeiters auf etwa vierzig Stück beschränkte. Erst als man im frühen 18. Jahrhundert begann, Löffel aus einem entsprechend zugeschnittenen Blech kalt zu formen, verdoppelte sich die Produktionsgeschwindigkeit. Die Industrielle Revolution machte den Metalllöffel schließlich zu dem Massenprodukt, das wir heute kennen.

Nach dem gestalterischen Vorbild der hohlen, zu einer Kelle geformten Hand, dient der Löffel schon seit Jahrtausenden dazu, flüssige und breiige Nahrung zum Mund zu führen.

---

1   *Morel, 2001, S. 25*
2   *Im Gegenzug stellten Metalllöffel durch ihr kostbares Material eine gute Möglichkeit dar, Vermögen wertbeständig anzulegen und handlich zu verwahren. (Marquardt, 1997, S. 12–13)*

Spoon

The oldest, most universal, and unquestionably archetypal table utensil is the spoon. It is our constant companion from birth to death. In English a child born to a wealthy family is said to be born with a silver spoon in his or her mouth, and in German "turning in your spoon" is synonymous with kicking the bucket. Designed after the cupped hand, it has for millennia served to ferry liquid and semiliquid foods from vessel to mouth. As early as the Paleolithic period man ate with hand-carved spoons made of bone or horn. They were also used in ancient Egypt and in the Mediterranean civilizations in classical antiquity. The Romans used small spoons made of wood, bone, bronze, or silver to eat eggs, snails, or mussels. The pointed end of the spoon's handle doubled as a pricker.[1]

❡   Originally, the spoon was by no means a simple article of everyday use but a precious possession that was always carried on one's person in a special case. Until the mid-nineteenth century wooden spoons were the most important and often also the only eating utensils. Metal spoons, by comparison, were luxury items and anything but quotidian.[2] From the fifteenth century on, spoon manufacturing plants capable of churning out larger quantities of metal spoons began popping up near iron ore deposits and smelting plants, but forging a spoon from a single piece of raw metal was a tedious procedure that limited the daily output of a single laborer to roughly forty pieces. It wasn't until the early eighteenth century when factories began cold forging spoons from blanks stamped from metal sheets that factories were able to double their production speed. Eventually, the Industrial Revolution transformed the metal spoon into the mass commodity we know it as today.

Designed after the cupped hand, the spoon has for millennia served to ferry liquid and semiliquid foods from vessel to mouth.

---

1   *Morel, 2001, p. 25*
2   *By virtue of the value of the very material they were made of, silver spoons offered a stable form of investment and were handy to keep under lock and key. (Marquardt, 1997, p. 12–13)*

Im Laufe der Zeit mutierte das Universalgerät Löffel[3] zum formalen und funktionalen Vorbild für eine Vielzahl von Tischwerkzeugen. Heute sind Löffel inflationär. Ein silberner Löffel ist kein wertvolles Patengeschenk mehr, das mehrere Leben lang Verwendung findet und vererbt, also im Todesfall weiter- und somit im wahrsten Sinne des Wortes abgegeben wird. Niemand nennt heute bloß einen einzelnen Löffel sein Eigen. Nicht nur werden sie in ganzen Sets verkauft (Suppen-, Dessert-, Tee- und Kaffeelöffel zählen in den meisten Haushalten zur Standardausrüstung), sondern wir besitzen auch viele, sehr unterschiedlich gestaltete Varianten davon. Je nachdem, ob wir eine Vorspeise, ein Hauptgericht, einen Nachtisch, einen Snack oder Fingerfood verzehren, verwenden wir einen anderen Typ von Löffel. Eltern füttern ihre Kinder mit bunten Kunststofflöffeln, Gourmets verzehren Eier oder Kaviar mit speziellen Hornlöffeln, und in Eisdielen erhält man kleine, eckige Plastikkellen. »Bessere« Restaurants legen seit den 1960er-Jahren zum Hauptgang zusätzlich zu Messer und Gabel eigene Saucenlöffel auf. Erst als dieses Werkzeug die Sauce ins Zentrum der kulinarischen Aufmerksamkeit rückte und ganz offiziell zum Auslöffeln von Bra-tensäften bei Tisch aufforderte, wurde dies auch in gehobenen Kreisen gesellschaftsfähig.[4]

Andere, früher gebräuchliche Löffelformen sind dagegen wieder verschwunden. Eine im 19. Jahrhundert beliebte Sonderausführung zum Beispiel war der sogenannte Bartlöffel. Durch eine eigene Schürze an der Laffe sollte er verhindern, dass Mann sich beim Essen den damals trendigen Schnurrbart beschmutzte.[5] Zu den Kuriositäten unter den Modeerscheinungen in Löffelform zählt auch der Fett-Mager-Saucenlöffel, der um 1900 en vogue war. Mit seiner Hilfe konnte man je nach Lust und Laune entweder von der einen Seite durch eine Art Schnabel mageren Bratensaft aus dem unteren Bereich der Laffe schlürfen, oder von der anderen Seite das oben schwimmende Fett.[6]

Over time, the universal tool known as the spoon[3] evolved into the formal and functional model of a myriad of table utensils. Today spoons are inflationary. A silver spoon is no longer a precious gift from a godparent to be used, passed on, and cherished for many generations. No one has his or own personal spoon anymore. Now they are they sold as sets (soup, dessert, tea, and coffee spoons are standard articles in most households), and every cutlery drawer contains a number of distinctly different variations, each with its own purpose. Parents feed their toddlers with colorful plastic ones, gourmets savor eggs or caviar with special spoons made of horn, and ice cream stores have dispensers full of tiny disposable ones. Since the 1960s, it has become common for "high-end" restaurants to provide a sauce spoon with the main course. This shifted the sauce to the center of culinary attention and officially encouraged diners to serve themselves jus or gravy at the table. Only then did this practice also become socially acceptable in upper-class circles.[4]

Meanwhile, other formerly common spoon designs became obsolete, the mustache spoon, for example, a type popular in the nineteenth century. A mustache guard fitted over the bowl of the spoon protected the then fashionable appendage, keeping a man's whiskers safe and clean.[5] Another curio among the spoon fads that have come and gone over the ages is the gravy-separator spoon equipped on one side with a sort of spout that taps the lower contents of the spoon. In this way one could sip from whichever side, depending on whether one preferred one's gravy lean or fat.[6]

3   Das englische Wort »spoon« leitet sich von »spann« (Holzspan) her. (Morel, 2001, S. 65) Löffel und Essstäbchen haben vielleicht entwicklungsgeschichtlich ähnliche Urahnen: einfache, längliche Holzstücke.
4   Morel, 2001, S. 146
5   Hürlimann, Reininghaus, 1996, S. 238
6   Hürlimann, Reininghaus, 1996, S. 238

3   The word spoon derives from the Old Norse "spann" or "sponn" which meant both spoon and chip or splinter. Perhaps spoons and chopsticks have a common ancestor: a long, simple stick of wood.
4   Morel, 2001, p. 146
5   Hürlimann, Reininghaus, 1996, p. 238
6   Hürlimann, Reininghaus, 1996, p. 238

¶ Der Löffel ist ein Multifunktionsgerät, das nicht nur zum Schöpfen, sondern auch zum Servieren, zum Rühren, zum Zerteilen und als Maßeinheit genutzt wird. So dient beispielsweise der Kaffeelöffel als Mess- und Rührgerät, nicht aber dazu, den Kaffee aus der Tasse herauszulöffeln. Zudem ist der Löffel eines der ganz wenigen Speiseutensilien, die das Essen – etwa auch im Gegensatz zu den Fingern – tatsächlich erleichtern. Kein Wunder also, dass gerade der Löffel ein praktisch global gebrauchtes Esswerkzeug ist, dessen Benutzung auch kaum durch Vorschriften oder Tischsitten– wie er zu verwenden sei und wie eben nicht – eingeschränkt wird.

¶ In all jenen Kulturen, die mit Messer und Gabel essen, ist der Löffel das einzige ungefährliche Besteckteil bei Tisch und folglich das typische Kinderessinstrument. Ursprünglich stand der Löffel in Verbindung mit der Idee der Lebensspeise und symbolisierte ein langes Leben. Hochzeitslöffel, mit denen das Brautpaar gemeinsam aß, garantierten eine glückliche Ehe.[7] Heute versinnbildlicht der Löffel im Gegensatz zu seinen waffenartigen Kollegen Messer und Gabel eher Schwäche. Denn er ist das Essgerät all jener, die eben nicht »richtig« essen können: Babys, Alte, Kranke und Gebrechliche. Einen Löffel zu verwenden, wenn nicht unbedingt nötig, wird daher als unmännlich, unsexy und babyhaft empfunden.

¶ Rein technisch betrachtet, besteht ein Löffel immer aus zwei Teilen, dem Stiel und der Laffe. Letzteres bedeutet Lippe und erinnert an das mittelhochdeutsche »laffen«, was so viel wie »schlürfen« oder »lecken« heißt. Die Gestaltung von Stiel und Laffe hat sich im Laufe der Zeit stark verändert. Bis ins 16. Jahrhundert war die Laffe kreisrund und tief, mit einem dünnen, kurzen Stiel, den man mit der ganzen Faust fest umfasste.[8] Die bis heute üblichen breiteren und mit 24–26 Zentimetern deutlich längeren Stiele verdanken wir vermutlich einem Modetrend der Renaissance. Um trotz einer ausladenden Halskrause, wie man sie im 16. Jahrhundert trug, mit dem Löffel bis zum Mund zu reichen, musste der Stiel einfach entsprechend lang sein.[9]

¶ The spoon is a multifunctional device that can be used for ladling, serving, stirring, cutting, and as a unit of measure. A coffee spoon, for example, is used for measuring and stirring though not for spooning coffee as if to eat it. In addition, the spoon is one of the few cutlery items that actually makes eating with a tool easier than eating with your bare fingers. It comes as no surprise, then, that the spoon is the one eating utensil found almost everywhere in the world and that there are hardly rules or table manners dictating how it is or is not to be handled.

¶ In all the cultures that eat with knives and forks, the spoon is the only unthreatening table utensil and thus the one typically used by children. Originally the spoon was associated with notion of the food of life and symbolized longevity. Wedding spoons, with which the bride and groom ceremoniously ate together, guaranteed a happy marriage.[7] The spoon, as opposed to its weapon-like cohorts the knife and the fork, stands for weakness because it is used by all those who can't eat properly: babies, the old, the frail, and the sick. Reaching for a spoon when not absolutely necessary is therefore considered unmanly, unsexy, and baby-like.

¶ Technically, a spoon consists of two parts, the handle and the bowl. The design of the handle and bowl has evolved markedly over the ages. Until the sixteenth century the bowl was still deep and completely round, and the short, narrow handle was meant to be grasped with the fist.[8] The wider and markedly longer handle (24–26 centimeters) presumably developed because of a Renaissance fashion trend. The length was necessary to get past the then popular highstanding ruff collar.[9]

7   Hürlimann, Reininghaus, 1996, S. 230
8   Morel, 2001, p. 65
9   Morel, 2001, p. 65

7   Hürlimann, Reininghaus, 1996, S. 230
8   Morel, 2001, S. 65
9   Morel, 2001, S. 65

Als simples Esswerkzeug hat der langstielige Löffel nicht nur unsere tagtägliche Körperhaltung bei der Nahrungszufuhr, sondern auch den Verhaltenskodex bei Tisch grundlegend verändert.

As a simple eating utensil the long-handled spoon has not only fundamentally changed our everyday eating posture but also our rules of etiquette.

¶ Ein weiterer Grund für die Verlängerung des Löffelstiels dürfte die zunehmende Verwendung eines Esstisches gewesen sein. Wenn nämlich alle gemeinsam aus einer Brei- oder Suppenschüssel essen, müssen die Löffel lang genug sein, um bis in die Mitte zu reichen. Mit den längeren Stielen veränderte sich auch die Körperhaltung bei Tisch. Nunmehr wurde der Löffel »eleganter« zwischen Daumen, Zeige- und Mittelfinger geklemmt.[10] Zudem kann man mit langen Löffeln aufrecht sitzend essen und die Speisen über eine vergleichsweise große Distanz bis in den Mund balancieren. Hing man einst mit dem Gesicht mehr oder weniger direkt über der Schüssel, aus der man mit dem kurzen Löffel bequem und ziemlich unmittelbar in den Mund schaufeln konnte, so ist die unfallfreie Bewältigung der vergleichsweise langen Wegstecke vom Teller zum Mund heute eine Frage des guten Benehmens – und auch eine der Geschicklichkeit.

¶ Weitere gestalterische Anpassungen praktischer Natur erfuhr der Löffel in der zweiten Hälfte des 20. Jahrhunderts. Zunächst wurden die Laffen verkleinert, um das Hantieren mit den schweren Metallgeräten zu erleichtern. Weiters wurden die Stiele wiederum verkürzt, und zwar auf 20–22 Zentimeter, um eine geschmeidigere Armbewegung zu erreichen, bei der die Hand nicht so weit vom Körper entfernt gehalten und auch weniger stark verdreht werden muss. Das spart beim Essen schlicht und einfach Muskelkraft. Schließlich wurde auch die Eiform der Laffe, deren Spitze früher nach vorne zeigte, um 180 Grad gedreht, sodass heute meist die Schmalseite an den Stil stößt. Die runde Vorderkante des Löffels fühlt sich nämlich beim Essen angenehmer an, weil sie sich ergonomisch besser an den Mundraum anpasst.[11]

10 *Morel, 2001, S. 68*
11 *Bauer, 2007, S. 28*

¶ Another reason for making the spoon handle longer seems to be the increased use of the dining table. If everyone eats from the same bowl of gruel or soup, the spoon has to be long enough to reach to the middle of the table. As handle length increased, posture at the table changed too. Now, the spoon is held "elegantly" between the thumb, index, and middle finger.[10] Moreover, with a long spoon one can sit upright and transfer food over a relatively large distance to one's mouth. Whereas in former days you sat hunched over your bowl and could comfortably shovel food into your mouth with a short-handled spoon, today successfully balancing your food across the expanse from plate to mouth is a matter of good manners – as well as dexterity.

¶ During the second half of the twentieth century the spoon underwent further design adjustments to increase its practicality. First, bowl size was reduced, for being made of metal spoons were heavy enough as it was. Next, the handles were shortened to 20–22 centimeters. Since it was no longer necessary to hold the spoon so far away from the body nor turn it at such a sharp angle, the shorter handle made for a smoother arm motion and conserved strength. Finally, the ovoid bowl of the spoon whose narrow end had until now pointed forward was rotated 180°, so that today the narrow end usually merges with the handle. The rounded front edge of the spoon has a better feel to it because ergonomically it corresponds more closely to the shape of the mouth.[11]

10 *Morel, 2001, p. 68*
11 *Bauer, 2007, p. 28*

Die Gestaltungsgeschichte des Löffels zeigt, wie unmittelbar Gegenstände unser Verhalten beeinflussen. Als simples Esswerkzeug hat der langstielige Löffel nicht nur unsere tagtägliche Körperhaltung bei der Nahrungszufuhr, sondern auch den Verhaltenskodex bei Tisch grundlegend verändert. Erst durch den langen Stiel konnte sich jener stilisierte Bewegungsablauf, der heute beim Essen für uns selbstverständlich ist, etablieren. Das Ritual des Essens, mit dem der Löffel und generell das Besteck untrennbar verbunden sind, ist natürlich mehr als nur die rein äußerliche Art, sein Essen zu sich zu nehmen. Es ist Ausdruck unserer Kultur und reflektiert die Werte und Anschauungen, die uns prägen. Die langen Stiele erlauben nicht nur, dass die Speisen auf dem Tisch relativ lange Wege zurücklegen, sondern sie halten uns auch auf Distanz zu denselben und verhindern ein allzu schnelles und trieborientiertes In-sich-Hineinfressen. Je größer und länger jene Werkzeuge sind, die wir kulturell zwischen unseren Körper und unsere Nahrung schieben (und das alles selbstverordnet), desto mehr zwingen wir uns auch dazu, die Nahrung zu reflektieren und sie nicht nur als reine Kalorienlieferantin wahrzunehmen. Das Besteck und sein Design bestimmen aber nicht nur unser Verhältnis zu den Speisen, sondern auch jenes zu den Mitessenden. Indem sie die aufrechte und damit eine von der Gemeinschaft entferntere Haltung forcieren, schaffen die größeren Essinstrumente nämlich auch eine körperliche Distanz zu den anderen Personen am Tisch.

The design evolution of the spoon shows how intuitively objects influence our behavior. As a simple eating utensil the long-handled spoon has not only fundamentally changed our everyday eating posture but also our rules of etiquette. The stylized series of motions we take for granted when eating could never have established themselves without the long handle. The ritual of eating is of course more than just the purely outward manner of putting food into our bodies. It is the expression of our culture and reflects the values and views that make us what we are. Long handles not only allow the transfer of food across relatively large expanses, but also keep a safe distance between us and our food, thus preventing us from succumbing to our base instincts and devouring our food like animals. The larger and longer the eating tools we culturally place between our bodies and our food, the more we force ourselves to ponder our food and to perceive it as not just a source of nutrition. But our eating instruments and their design not only determine our relationship to our food but also to the other people sharing the meal. By forcing us to lean away from the group and assume an upright posture, longer eating utensils create physical distance between people at the dining table.

Wie wichtig die kulturellen Verknüpfungen zwischen Esswerkzeug, Gestik und der entsprechenden gesellschaftlichen Weltanschauung sind, zeigt der Umstand, dass wir an den stilisierten Essabläufen selbst dann noch festhalten, wenn sich die Rahmenbedingen ändern und sie funktional nicht mehr zwingend nötig sind. So prägt zum Beispiel die Sitte, gemeinsam aus einem Topf zu essen, unser Speiseverhalten bis zur Gegenwart, obwohl wir ja mittlerweile von individuellen Gedecken essen. Seit der Einführung des individuellen Gedecks spricht nämlich eigentlich kein logischer Grund mehr dafür, Suppe in Miniportionen mühevoll mit einem Löffel in den Mund zu schöpfen. Es wäre viel einfacher, direkt aus der Suppentasse zu trinken, wodurch auch der Eigengeschmack des Metalls wegfallen würde, den vor allem Personen, die nicht gewohnt sind, mit Metallbesteck zu essen, als sehr störend empfinden. Ohne zusätzliches Metallgerät verteilt sich das Essen zudem angenehmer im Mund, es erreicht die Geschmackszellen direkter und schmeckt daher besser. Auch die logistischen Vorteile des Suppe-Essens ohne Löffel liegen auf der Hand: Denn Suppentasse plus Löffel ergibt doppelt so viele Gerätschaften, die aufgedeckt, abserviert, gewaschen und getrocknet werden müssen. Trotz all dieser praktischen Nachteile gebrauchen wir zum Essen von Suppe meist einen Löffel. Denn der Sinn des Löffels ist nun einmal nicht nur, das Essen zu erleichtern, sondern auch, den Kontakt zwischen Körper und Nahrung auf ein Minimum zu reduzieren. Esswerkzeuge verfolgten und verfolgen nicht unbedingt in erster Linie praktische Zwecke, sondern fungieren auch als Medium einer gewissen Ideologie. Und weil sich diese im Laufe der Zeit bekanntlich ändern, essen wir heute Konfekt ungeniert mit den Fingern, während man im späten Mittelalter dazu noch einen Löffel benutzte.[12]

The importance of the cultural connections between eating tools, gestures, and the given society's view of the world is evident in the fact that we continue to adhere to certain stylized sequences of motions even though circumstances have changed and no longer functionally require those motions. For example, the custom of eating from the same bowl still influences our eating behavior, even though we now each have our own place settings. Since the introduction of inexpensive porcelain for the masses, there is no longer any logical reason for us to laboriously consume our individual portions of soup spoonful by spoonful. It would be much easier for us to drink it directly from our soup bowls. Moreover, this would also eliminate the metallic flavor perceived as undesirable by people unaccustomed to using metal utensils. Without the interference of the metal spoon the content of our bowls would spread pleasantly throughout our mouths, hit our taste buds more directly, and be more delicious too. And then there are the obvious logistic advantages of drinking soup without a spoon because a soup bowl plus spoon double the amount of equipment that needs to be set, cleared, washed, and dried. Despite all these disadvantages, we still usually use a spoon to "eat" soup. This is because the intention of the spoon is not merely to facilitate eating but also to reduce the contact between body and food to a minimum. When used to consume soup, the primary function of the spoon as a tool is no longer to serve a practical purpose but to act as the medium of a certain ideology. And as we know, ideologies can change over the course of time. Thus today we think nothing of picking up sweets with our fingers, whereas in the late Middle Ages people used spoons for that purpose.[12]

12   Döbler, 2000, p. 156

12   Döbler, 2000, S. 156

Messer | Knife

Messer – Eine Waffe als Esswerkzeug

Messer zählen zu den wenigen Gegenständen, die alle Kulturen weltweit verwenden. Da Menschen im Gegensatz zu anderen Fleischfressern keine Reißzähne haben, benutzten sie bereits vor rund 1,5 Millionen Jahren keilartig zugespitzte Steine, um Fleischstücke von toten Tieren abzutrennen. Diese steinzeitlichen Faustkeile gehören zu den ältesten bekannten Werkzeugen überhaupt. Vor rund 4.000 Jahren entstanden dann schrittweise auch Messer mit Klingen aus Bronze, Eisen oder Stahl. Seit jeher ist das Messer nicht nur eines der wichtigsten Arbeitsgeräte, sondern auch Waffe, Kultgegenstand, Kunstobjekt und Statussymbol, und es diente zeitweise sogar als Zahlungsmittel. Als individuelles Esswerkzeug dagegen wird es erst seit rund 500 Jahren verwendet, und das auch nur in der westlich-europäischen Tradition.

❡ Das Tragen von Waffen ist bei Tisch eigentlich verboten. Dennoch liegen beim Essen tagtäglich Waffen vor uns. Ein stählerner Spieß und eine blank polierte Klinge sind fixer Bestandteil unseres Speisezeremoniells. Zwar kennt jede Kultur das Messer als Schneidewerkzeug in der Küche, doch nur die westliche benutzt es auch tatsächlich bei Tisch, um Zutaten zu zerkleinern. Anderswo, etwa in asiatischen Ländern, wird es als barbarisch empfunden, beim Essen mit scharfen Stahlklingen zu hantieren. Aber auch in Europa diente das Messer jahrhundertelang nur zum Vorschneiden der Gerichte – sei es in der Küche, auf einer Anrichte oder am Tisch –, nicht aber zum eigentlichen Essen. Anschließend verzehrte man die zerkleinerten Happen, wie es noch heute vielerorts üblich ist, mit den Fingern.

Das Tragen von Waffen ist bei Tisch verboten. Dennoch liegen beim Essen tagtäglich Waffen vor uns. Ein stählerner Spieß und eine blank polierte Klinge sind fixer Bestandteil unseres Speisezeremoniells.

Generally speaking, it is forbidden to bear arms at the table, and yet weapons are laid out before us at nearly every meal. A steel spear and a shiny blade are part and parcel of our eating ceremony.

Knife – Weapons as Eating Utensils

Knives are among the few objects used by all cultures all over the world. Unlike other meat eaters, humans have no fangs, which is why some 1.5 million years ago man began fashioning sharpened wedge-shaped stones to cut chunks of meat from dead animals. These prehistoric hand axes are the oldest known tools of any kind. About 4,000 years ago man started making knives with bronze, iron, or steel blades. Since time immemorial the knife has not only been one of man's most important tools but it has also served as a weapon, cult item, art object, status symbol, and from time to time even as a form of currency. It wasn't used as part of the individual cutlery set, however, until about 500 years ago and then only in the Western/European tradition.

❡ Generally speaking, it is forbidden to bear arms at the table, and yet weapons are laid out before us at nearly every meal. A steel spear and a shiny blade are part and parcel of our eating ceremony. And while all cultures are familiar with the knife as a tool for cutting up ingredients in the kitchen, only Western cultures also use it at the table. Elsewhere, in Asian countries for example, handling sharp steel blades during a meal is considered barbaric. And in Europe, too, the knife was for centuries used just for carving and serving – in the kitchen, on the sideboard, or at the table – but not actually for eating; the precut food – as is still common in many parts of the world – was then eaten with one's fingers.

Erstmals als Essgerät kam das Messer im antiken Rom um 90 vor Christus in Mode, eine Sitte, die jedoch im Mittelalter (vielleicht der Sicherheit wegen) nicht übernommen wurde. Denn im Grunde sind Messer – ob als Hilfsmittel am Tisch oder in der Küche – martialische Werkzeuge und alles andere als ungefährlich. Im Mittelalter war das Privileg, an der Tafel ein Messer zu benutzen, daher nur wenigen TeilnehmerInnen vorbehalten. Ursprünglich stand es überhaupt nur dem Fürsten oder dem König zu, das Essen für seine Untergebenen aufzuschneiden. Er war der Herr der Klinge – und damit der Herr der Gewalt. Später entwickelte sich das Tranchieren zu einer hoch angesehenen Tätigkeit, die einen wichtigen Teil des Tischzeremoniells bildete und meist adeligen Würdenträgern zukam.[1] Die Tranchiermesser jener Zeit waren kunstvoll verzierte, imposante Instrumente, deren Gestaltung eher an Schwerter, Sägen, Hämmer und Beile erinnerte, als an Besteck.

Die ersten Vorläufer des individuellen Tafelmessers waren eine verkleinerte Version dieser Tranchiermesser, die ab dem späten Mittelalter in beschränkter Stückzahl zum allgemeinen Gebrauch am Tisch aufgelegt wurden. Wer eines davon benutzte, säuberte es anschließend im Tischtuch und legte es für den nächsten oder die nächste zurück in die Tischmitte. Diese Vorlegemesser waren universelle Geräte, oft mit halbmondförmigen Klingen und einer Art Haken an der Spitze, sodass sie beim Essen auch als Spieße, Spachteln und Schaufeln dienten. Sie vereinigten quasi Messer, Gabel und Löffel in einem einzigen Instrument – denn gegessen wurde nach wie vor mit den Fingern.[2]

1   *Hürlimann, Reininghaus, 1996, S. 233–234*
2   *Morel, 2001, S. 62*

The knife first became fashionable as an eating utensil in ancient Rome around 90 B.C., a custom not adopted during the Middle Ages for safety reasons: When it comes down to it, knives – whether employed as useful tools at the table or in the kitchen – are martial instruments and anything but harmless. In the Middle Ages using a knife at the table was considered a privilege and was thus reserved for just a few members of the dining group. Originally, only the prince or king was entitled to slice the meat for his subjects. As the lord, he wielded the blade and was thus the possessor of power. Later, the honor of carving the meat, which was usually assumed by noble dignitaries, became an important part of the table ritual.[1] The meat-carving knives of that time were elaborately ornate, impressive instruments whose design was more reminiscent of swords, saws, hammers, and axes than of cutlery.

The first forerunner of the individual table knife was a smaller version of the carving knife. Since the late Middle Ages it had become common practice to supply a few such knives as utensils to be shared by everyone at the table. Whoever used one would wipe it clean on the tablecloth afterwards, then place it back in the middle of the table for the next person. These serving knives were all-around tools often with crescent-shaped blades and a crook at the tip so that they could also be used as spears, spatulas, and shovels. They were cutting instrument, fork, and spoon all in one, but the actual eating was still done with one's fingers.[2]

1   *Hürlimann, Reininghaus, 1996, p. 233–234*
2   *Morel, 2001, p. 62*

¶ Erst ab dem 15. Jahrhundert setzten sich kleine Tranchiermesser als individueller Gebrauchsgegenstand durch.[3] Das persönliche Besteck, das zuvor meist nur aus einem Löffel bestanden hatte, erweiterte sich nun um das Messer, welches in Ermangelung von Gabeln zugleich auch deren Aufgaben übernahm.[4] Denn um das Essen in der gemeinsamen Schüssel nicht mit den Fingern zu berühren, diente die Messerspitze nun vermehrt auch dazu, die zerkleinerten Teile in den Mund zu stecken.[5] Messer und Löffel waren wertvolle Besitztümer, die man ständig mit sich trug. Das Wort »Besteck« bezeichnete daher ursprünglich eigentlich nicht die Gerätschaften selbst, sondern jenes Futteral, das mit den individuellen (Ess-) Werkzeugen »besteckt« war. Oft wurde das Besteck als Köcher am Gürtel oder von Männern auch in der Scheide der Waffe getragen und galt je nach Ausführung als persönliches Statussymbol. Das Besteck bildete neben Hut oder Gürtel einen Teil der Kleidung (nicht des Tischequipments) und war, ähnlich wie heute das Handy, ein ständiger Begleiter direkt am Körper.[6]

¶ Die Einführung der Gabel zwischen dem 17. und dem 18. Jahrhundert veränderte auch die Verwendung und das Design von Messern nachhaltig. Seither gilt es als unfein, klein geschnittene Stücke mit dem Messer anstatt mit der Gabel in den Mund zu stecken. Und so bewirkte die Gabel eine Abrundung der Messerklingen, die nun ja keine Spitze mehr benötigte, um Fleischstücke aufzuspießen. Der Trend war allerdings nicht ganz neu, denn bereits ab dem 16. Jahrhundert hatten sich die Klingen verbreitert, und die Messerspitzen wurden zunehmend abgerundet, unter anderem auch als Folge eines Edikts von Kardinal Richelieu, das die Benutzung des Messers als Zahnstocher untersagte.[7]

¶ It wasn't until the fifteenth century that small carving knives became widespread as individual cutlery items.[3] Personal eating equipment, which up until then had generally consisted of only a spoon, now included a knife, which was also used for spearing since the fork hadn't entered the picture yet.[4] To avoid touching the food in the communal bowl with one's fingers, people began using the pointed end of the knife to pop bite-sized morsels into their mouths.[5] The knife and the spoon were valuable possessions. In German the collective term for knife, fork, and spoon is "Besteck". Originally, however, this word referred not to the instruments themselves but to their carrying case. Often this case was attached to the belt like a quiver or tucked into a man's sheath along with his weapon, and depending on how elaborate it was, it might also have served as a personal status symbol. In those days this carrying case was more akin to a clothing accessory than one's table equipment, and like the cell phone today, it was worn on one's person as a constant companion.[6]

¶ The introduction of the fork between the seventeenth and eighteenth century forever changed the use and design of the knife. From then on, one used a fork to pop food into one's mouth; to do so with a knife was considered uncouth, and since knives no longer needed to be pointed for spearing meat, their tips were rounded off. This was not a paricularly new idea, however. By the sixteenth century, knife blades had been widened and the points filed down partly due to an edict by Cardinal Richelieu that forbade the use of the knife as a toothpick.[7]

---

3   *Hürlimann, Reininghaus, 1996, S. 230*
4   *Die Funktion der Gabel wurde auch vom Pfriem, dem Zahnstocher, erfüllt, der vor der Einführung der Gabel oft Teil des individuellen Bestecks war.*
5   *Morel, 2001, S. 64*
6   *Hürlimann, Reininghaus, 1996, S. 233*
7   *Hürlimann, Reininghaus, 1996, S. 230*

3   *Hürlimann, Reininghaus, 1996, p. 230*
4   *The function of the fork was also assumed by the pricker, which was often part of one's personal set of eating utensils prior to the introduction of the fork.*
5   *Morel, 2001, p. 64*
6   *Hürlimann, Reininghaus, 1996, p. 233*
7   *Hürlimann, Reininghaus, 1996, p. 230*

Liegendes Tischgerät

Den nächsten entscheidenden Entwicklungsschritt – weg vom persönlichen Accessoire hin zur Haushaltsausstattung – erfuhr das Besteck im Barock. Bei höfischen Gesellschaften kam die Sitte auf, den Gästen leihweise, also nur für die Dauer einer Mahlzeit, Speisewerkzeug zur Verfügung zu stellen. Für alle Geladenen wurde nun sogenanntes »liegendes Tischgerät« – im Gegensatz zu den persönlichen Mundzeugen, die man mit sich trug – aufgelegt. Langsam, aber stetig verschwand damit die Notwendigkeit, Messer und Gabel als Besitzgegenstände ständig mit sich zu führen. Auch der repräsentative Zweck von Esswerkzeugen veränderte sich. War bisher der Besitzer oder die Besitzerin des kunstvollsten Messers der »Star« bei Tisch gewesen, so konnte nun die gastgebende Familie mit einer besonders aufwendigen und wertvollen Besteckausstattung punkten. Ganze Vermögen verschwanden im viel zitierten Familiensilber.

⁋ Das »liegende« Besteck zog einige, für das Design relevante Folgen nach sich. Die Tafeln waren im Vergleich zu den spärlich mit Gerätschaften bedeckten mittelalterlichen Tischen plötzlich recht voll. Zusätzliche Dekorationen, wie die aufwendigen Tischaufbauten der Renaissance, traten in den Hintergrund. Dafür wurden im Zuge einer generellen Ästhetisierung des Essens im 18. Jahrhundert sämtliche Tischutensilien vereinheitlicht und gestalterisch aufeinander abgestimmt. Seither passen nicht nur die einzelnen Messer, Gabeln und Löffel eines Gedecks in Größe, Material und Design zusammen, sondern auch zu allen anderen Besteckteilen der gleichen Tafel.[8]

8   Hürlimann, Reininghaus, 1996, S. 230–231

Supplied Silverware

The next significant developmental step cutlery underwent in its transition from personal accessory to household furnishing occurred in the Baroque period. In courtly society it became customary to provide one's dinner guests with silverware for the duration of the meal. Each place setting was furnished with an individual set of cutlery – as opposed to the guest's traveling set. Slowly but surely it became unnecessary to carry around a knife and fork as one's personal property. And while eating utensils continued to demonstrate status, a significant shift had taken place. Whereas until now the owner of the most elaborate knife had been the star of the evening, now the host family could impress its guests with an extraordinary and valuable set of silverware. Entire fortunes were lavished on acquiring the proverbial family silver.

⁋   The fact that silverware was now being supplied by the host or hostess had several design-relevant consequences. Suddenly, tables were opulently set compared to their medieval counterparts. While other embellishments like extravagant Renaissance epergnes took the back seat, table utensils were standardized and designed to go together as part of the general aestheticization of eating that took place in the eighteenth century. Ever since, not only do the individual knives, forks, and spoons of a place setting match in regard to size, material and design, but they also go with all the other pieces of silverware in the set.[8]

8   Hürlimann, Reininghaus, 1996, p. 233–234

Das Messer als Ausdruck von Hierarchie

Seit seiner Erfindung ist der Gegenstand »Messer« durch die Art seiner Benutzung ein Ausdrucksmittel von Hierarchien – zwischen Mann und Frau einerseits, und zwischen Herrschenden und Untergebenen andererseits. Als Waffe, die es ja eigentlich ist, verleiht sein Gebrauch der männlichen Vormachtstellung bei Tisch wie im Leben Ausdruck. War der Umgang mit dem Messer bei Hof dem Herrscher und einigen Adeligen vorbehalten, so wurde in der bürgerlichen Welt der Familienvater zum Meister des Aufschneidens erkoren.[9] In konservativen Haushalten tranchiert nach wie vor der Mann, was die Frau zubereitet hat. Nach traditioneller Vorstellung darf die Frau nur Brot, jedoch keine anderen Gerichte schneiden.

¶   Auch heute noch wird die Benutzung des Messers durch verschiedene Vorschriften stark eingeschränkt. Unzählige Verhaltensregeln bestimmen darüber, wie es am Tisch zu arrangieren und handzuhaben ist. So darf Brot stets nur gebrochen und niemals geschnitten werden, ebenso wie Salat, der mit der Gabel gefaltet werden muss. Knödel oder Kartoffeln sollen ebenso wenig mit dem Messer zerteilt werden wie Fisch. Die Tischmanieren verbieten außerdem, das Messer in den Mund zu stecken, mit der Klinge in der Hand zu gestikulieren oder gar in Richtung von Mitessenden zu deuten. Im Gegensatz zum Universalgebrauch in früheren Jahrhunderten darf man das Messer heute weder als Spieß noch als Schaufelhilfe, sondern im Grunde nur noch zum eigentlichen Schneiden einsetzen.

9   Hürlimann, Reininghaus, 1996, S. 233–234

The Knife as an Expression of Hierarchy

Throughout its history the knife has by virtue of its use been a means of expressing hierarchies – between men and women on the one hand and between rulers and the ruled on the other. Being a weapon – which it essentially is – its use conveys power to the man, both at the table and in life. Whereas amongst aristocrats wielding a knife was reserved for the sovereign and his noblemen, in the middle-class world the father as the head of the family became the master roast carver.[9] In conservative households the man of the house still carves what the housewife has cooked. Traditionally, women are allowed to cut only bread at the table.

¶   Even today there are strict rules governing the use of knives, they determine how these utensils are to be arranged on the table and how they are to be implemented during meals. Bread, for example, may only be broken, never cut. The same goes for lettuce, which must be folded with one's fork. Neither dumplings nor potatoes nor of course fish are to be cut with knives. Furthermore, it is not polite to put a knife in your mouth, gesticulate with one in your hand, or especially point one at anyone at the table. Contrary to its universal application in former centuries, spearing or shoveling is frowned upon today; in other words, the knife should now basically only be used for cutting.

9   Hürlimann, Reininghaus, 1996, p. 233–234

War der Umgang mit dem Messer bei Hof dem Herrscher und einigen Adeligen vorbehalten, so wurde in der bürgerlichen Welt der Familienvater zum Meister des Aufschneidens erkoren.

Whereas amongst aristocrats wielding a knife was reserved for the sovereign and his noblemen, in the middle-class world the father as the head of the family became the master roast carver.

¶ Anders als bei Gabel und Löffel darf der Griff des Messers fest mit allen Fingern umfasst werden[10] – was auch nötig ist, um die entsprechende Kraft zum Zerteilen des Schneidgutes aufzubringen. Denn von den Faustkeilen der Urgeschichte bis zum heutigen Messer haben Schneidewerkzeuge eine starke gestalterische Veränderung erfahren. Vermutlich durch die Kombination desselben Werkzeuges als Schneide- und Stichwaffe, hat unser heutiges Messer eine schmale längliche Form, die sich in einen ungefährlichen Griff (Heft) und eine scharfe Klinge unterteilt. Der Nachteil dieser modernen Form im Vergleich zum Urmesser ist, dass die Kraft nun nicht mehr direkt von der Hand in Richtung Schneidgut einwirkt, sondern über den Umweg des Griffs. Da der zusätzliche Hebel den nötigen Kraftaufwand vergrößert, wäre es eigentlich energiesparender und daher einfacher, ein Steak oder eine Pizza am Teller beispielsweise mit einem Wiegemesser zu zerkleinern.[11]

¶ Unlike the fork and spoon, however, the knife may be grasped tightly with all five fingers.[10] This is in fact necessary if one is to apply enough force because from the prehistoric hand ax to today's knife, cutting instruments have undergone marked design modifications. Presumably, the fusion of cutting and stabbing weapons into a single implement gave our modern knife its long slender shape consisting of an innocuous handle (haft) and a sharp blade. The disadvantage of this modern form compared to the hand ax is that the user can no longer apply force directly from the hand to whatever is being cut, but must do so indirectly via the handle. Since this lever demands more effort, it would save energy and be easier if one were to use a rocker knife to cut steak or pizza on one's plate.[11]

10   Morel, 2001, p. 64
11   We acknowledge Dr. Wolfgang Pauser for this information.

10   Morel, 2001, S. 64
11   Wir bedanken uns bei Dr. Wolfgang Pauser für diese Information.

Gabel | Fork

Gabel – Besteck, eine Frage der Moral?

Unter den klassischen Esswerkzeugen ist die Gabel mit Abstand das jüngste. Ägypter, Griechen, Ritter – sie alle aßen mit den Fingern. Die Römer benutzten zwar zweizinkige Spieße zum Tranchieren und Vorlegen, aßen ihre Gerichte aber vorgeschnitten und steckten sie (mit Ausnahme von kleinen Gabeln zum Essen von Schnecken) mit der Hand in den Mund.[1] Die Idee der Gabel als Essgerät stammt ursprünglich aus dem Orient, wo man sie benutzte, um klebrige Süßspeisen zu verzehren.[2] Im 11. Jahrhundert gelangten die kleinen, zweizinkigen Konfektgabeln über Byzanz nach Europa. In Italien ist ihre Verwendung erstmals in der Toskana und fast zeitgleich auch in Venedig belegt.[3] Danach dauerte es noch weitere 500 Jahre und mehr, bis sich die Gabel neben Löffel und Messer als fixer Bestandteil des Essbestecks etablierte.

¶ Zunächst wurde die Gabel nur von einigen wenigen italienischen Adelsdamen verwendet, die sich mit stark färbendem Obst wie Heidelbeeren die Finger nicht beschmutzen wollten. Breite Teile der Bevölkerung jedoch misstrauten der Gabel. Nördlich der Alpen etwa benutzte man Gabeln nur in der Küche zur Manipulation brennheißer Speisen, die man nicht mit den Händen anfassen konnte, nicht jedoch zum Essen.[4] Vielerorts galt die Gabel als affektiertes und unsittliches Esswerkzeug. Erst rund 400 Jahre nach dem Erstimport begann sich ihr Gebrauch auf der Apenninhalbinsel im 15. Jahrhundert allmählich durchzusetzen.[5]

1   Morel, 2001, S. 69
2   Hürlimann, Reininghaus, 1996, S. 227
3   Morel, 2001, S. 68
4   Morel, 2001, S. 68–69
5   Morel, 2001, S. 68

Fork – Cutlery, a Question of Morals?

Among our classic eating tools the fork is by far the youngest. Egyptians, Greeks, knights – all of them ate with their hands. The Romans used two-tined spears when carving and arranging food on plates and platters, but when it came to eating, they would put precut morsels into their mouths using their fingers – except when eating snails, for which they used small forks.[1] The idea of the fork as an eating utensil originated in the Orient, where it was used to nibble on sticky sweet dishes.[2] In the eleventh century these small, two-pronged sweetmeat forks made their way to Europe via Byzantium. In Italy their use was first recorded in Tuscany and also nearly simultaneously in Venice.[3] After that, however, it took another 500 years or more for the fork to join the spoon and knife as a regular part of the cutlery set.

¶ Initially, the fork was only employed by a handful of Italian noblewomen, who didn't want to sully their fingers with dark fruits, like bilberries, that left stains. The population at large, however, distrusted the fork. North of the Alps, for example, forks were not used at the table; rather, they were only employed in the kitchen for handling foods that were too hot to touch with one's bare hands.[4] In many places the fork was considered a pretentious and immoral eating implement. It wasn't until the fifteenth century, some 400 years after it had first been imported to the Apennine peninsula, that it gradually began to gain acceptance.[5]

1   Morel, 2001, p. 69
2   Hürlimann, Reininghaus, 1996, p. 227
3   Morel, 2001, p. 68
4   Morel, 2001, p. 68–69
5   Morel, 2001, p. 68

Vielerorts galt die Gabel als affektiertes und unsittliches Esswerkzeug. Breite Teile der Bevölkerung misstrauten ihr sogar.

In many places the fork was considered a pretentious and immoral eating implement. The population at large distrusted the fork.

Photo: Nick Albert

Als Caterina von Medici 1533 den späteren französischen König Heinrich II. heiratete, brachte sie, wie so viele andere kulinarische Sitten, auch die Gabel mit nach Paris. Dort dürfte die Gabel auf recht fruchtbaren Boden gefallen sein, denn Ende des 16. Jahrhunderts führte ihr Sohn König Heinrich III. sie als offizielles Tischgerät am französischen Hof ein.[6] Und da Frankreich zu jener Zeit in Sachen Mode und Anstandsfragen maßgebend war, trat auch die Gabel von dort aus ihren Siegeszug in ganz Europa an – wenn auch sehr langsam. In anderen Ländern war die Benutzung von Gabeln um 1600 noch sehr ungewöhnlich, wie ein Zeitzeuge schildert: *»Während ich einen saftigen Braten verzehrte, bemerkte ich vier Herren, die nicht ein einziges Mal das Fleisch mit den Fingern berührten. Sie führten Gabeln zum Mund und beugten sich tief über ihre Teller. Da ich keine Erfahrung besaß, wagte ich nicht, es ihnen nachzutun, und aß nur mit meinem Messer.«*[7]

Teufelsspieß versus Fünf-Finger-Gabel: ein moralischer Diskurs

Anfänglich hatten die GabelesserInnen keinen leichten Stand. Wer sie benutzte, wurde nicht nur bestaunt, sondern vor allem verlacht, verhöhnt, diffamiert und regelrecht von der Gesellschaft ausgeschlossen. Denn die modernen Essmanieren missfielen manchen einflussreichen Gesellschaftsgruppen, die wie so oft durch jegliche Art der Neuerung um Macht und Einfluss fürchteten. Die italienischen »Gabelschwinger« wurden als unmoralisch und affig verspottet und die von Gott geschaffene »Fünf-Finger-Gabel« als das einzig adäquate Speisewerkzeug gepriesen.[8] Die Kirche verdammte das fortschrittliche Essgerät als Teufelsspieß, klassifizierte seine Verwendung als Sünde und ließ es in Klöstern lange Zeit ausdrücklich verbieten. Kleriker orteten eine »sündhafte Verweichlichung«[9] und beklagten lautstark den Niedergang der Tischsitten durch das Essen mit der Gabel.[10] Selbst Martin Luther warnte vor der Gabel.[11]

6   Paczensky, Dünnebier, 1999, S. 318
7   Döbler, 2002, S. 157
8   Döbler, 2000, S. 157
9   Paczensky, Dünnebier, 1999, S. 318ff.
10 Hürlimann, Reininghaus, 1996, S. 227
11 Hürlimann, Reininghaus, 1996, S. 231

In 1533, when Catherine de Médicis married the future king of France, Henry II, she brought the fork and many other culinary customs to Paris, where the former appears to have fallen on fertile ground because in the late sixteenth century her son King Henry III made it an official table utensil at the French court.[6] And from there – France being at the time quite influential in matters of fashion and decorum – the fork spread, albeit at a snail's pace, throughout Europe. In other countries, as described by a contemporary chronicler, fork use was still very uncommon by 1600: *"As I partook of a juicy roast, I noticed four gentlemen whose fingers did not once touch the meat they were eating, but ferried it to their mouths with forks, their heads bent low over their plates. Since I had no experience of such things, I dared not emulate them and ate with but my knife."*[7]

Devil's Pitchfork versus Five-Finger Fork: a Moral Discourse

Fork users had a rough time at first. Not only were they gawked at, but also laughed at, ridiculed, discredited, harassed, and downright bullied. Modern eating habits were frowned upon by certain influential groups within society, which – as is often the case with anything new – feared they might lose power and influence. The Italian "fork wielders" were derided as immoral and vain, and the God-given "five-finger fork" was praised as the only adequate eating tool.[8] The Church condemned the progressive utensil as the devil's pitchfork, classified its use as a sin, and for a long time expressly forbade it in monasteries. Clergymen regarded the fork as a "sinful effeminacy"[9] and complained loudly of the decline of table manners it was causing.[10] Even Martin Luther cautioned against the fork.[11]

6   Paczensky, Dünnebier, 1999, p. 318
7   Döbler, 2002, p. 157
8   Döbler, 2000, p. 157
9   Paczensky, Dünnebier, 1999, p. 318ff.
10 Hürlimann, Reininghaus, 1996, p. 227
11 Hürlimann, Reininghaus, 1996, p. 231

Die Gabel erhitzte die Gemüter (und das mehrere Jahrhunderte lang), was beweist, dass Gegenstände keineswegs harmlose, unschuldige Gebrauchswerkzeuge sind, sondern auch Mittel zum Zweck. Umso mehr die einen gegen den moralischen Verfall durch die Gabel wetterten, desto geeigneter schien sie anderen als Werkzeug der sozialen Distinktion. Denn im 17. Jahrhundert galten Gabeln als ungewöhnlich und kostbar. Wer sie verwendete oder Gästen servierte, war nicht nur wohlhabend, sondern auch progressiv und frönte einem gewissen Hang zum Luxus.[12] Am anderen Ende des gesellschaftlichen Spektrums dagegen warnten – vielleicht gerade deswegen – konservative Tischregeln eindringlich davor, die Natur, die uns fünf Finger an jeder Hand geschenkt hat, nicht mit jenen dummen Instrumenten zu beleidigen, die eher zum Aufladen von Heu als von Essen geeignet seien.[13]

Ob es ähnliche sittliche Grundsatzdiskussionen auch bei der Einführung des Löffels gegeben hat, ist nicht überliefert, aber durchaus denkbar. Die Wahl des Bestecks ist eben keine Frage von Effizienz, Ökonomie oder Funktion, sondern eine der Moral – beziehungsweise des Geschmacks. Um 1640 witzelte der hessische Geheimrat Johann Michael Moscherosch, die italienische Torheit, Salat mit der Gabel zu essen, verderbe dessen Geschmack: *»Wie kann mir der Salat wohlschmecken, wenn ich ihn nicht mit den Fingern ess'? Wenn du die Hände gewaschen hast, was scheust du dich, den Salat ordentlich anzugreifen?«*[14] Ähnlich emotional diskutieren wir heute über Fastfood, Essen im Stehen, im Gehen oder vor dem Fernseher. Die vorgetragenen Argumente sind dabei oft erstaunlich ähnlich. Wenn es heute als Ausdruck schlechter Manieren gilt, mit den Fingern zu essen, so argumentierte die Kirche vor 500 Jahren noch genau umgekehrt: Sie verurteilte die Gabel mit der Begründung, *»nur die Finger seien würdig, die Gaben des Schöpfers zu berühren.«*[15]

The fork stirred up quite a controversy (that lasted for many centuries), which proves that objects are by no means harmless, innocent utility items but a means to an end as well. The more some people rallied against the moral decline induced by the fork, the more useful it seemed to others as a method of social distinction, for in the seventeenth century forks were considered rare and precious. Whoever used them or provided them to their dinner guests was not only wealthy but also progressive and demonstrated a certain penchant for luxury.[12] At the other end of the social spectrum proponents of conservative table manners argued – perhaps for this very reason – that we had been given five fingers on each hand, and to eat with such foolish implements that were clearly more suitable for pitching hay would be to scorn nature.[13]

There is no record of whether similar moral discussions preceded the adoption of the spoon, but it is certainly conceivable. One's choice of cutlery is not a question of efficiency, economy, or functionality but one of morals – or taste, if you will. Around 1640 the German statesman Johann Michael Moscherosch sarcastically remarked that the Italian folly of eating salad with a fork ruined its flavor: *"How can I taste my salad if I don't eat it with my fingers? If you have washed your hands, then why are you afraid to grab hold of your salad properly?"*[14] Today's debates about fast food or eating standing up, on the go, or in front of the TV are just as emotionally charged. Often the arguments cited then and now have striking resemblances. Whereas today it is bad manners to eat with your bare hands, 500 years ago the Church argued the exact opposite position. It condemned the fork claiming: *"Only our fingers are worthy of touching the gifts of our Lord."*[15]

---

12 *Morel, 2001, S. 73*
13 *Weiss, 2005*
14 *Döbler, 2002, S. 157*
15 *Morel, 2001, S. 68*

12 *Morel, 2001, p. 73*
13 *Weiss, 2005,*
14 *Döbler, 2002, p. 157*
15 *Morel, 2001, p. 68*

¶   Trotz aller Ressentiments hat sich die Gabel letztlich durchgesetzt, allerdings mit einiger Zeitverzögerung, meist erst im 17. und 18. Jahrhundert. Am Wiener Kaiserhof zum Beispiel wurde das Essen mit Gabeln im Jahr 1651 unter Kaiser Ferdinand III. eingeführt.[16] Die Verwendung der Gabel veränderte auch den Gebrauch der anderen Speisewerkzeuge und die Zusammen-stellung des Bestecksets. So büßte der Pfriem (Zahnstocher) seine Stellung als fixer Bestandteil des Mundzeugs ein, denn von nun an wurden die zerkleinerten Stücke nicht mehr mit dem Zahnstocher (oder der Messerspitze), sondern neuerdings mit der Gabel in den Mund gesteckt.[17]

¶   Heute sind Gabeln kein Aufreger mehr, sondern ein ganz normales Alltagsprodukt, das uns ständig umgibt. Formal und funktional hat sich die Gabel im Laufe ihrer Geschichte allerdings stark verändert. Ursprünglich war sie ein eher martialisches Instrument, das mit zwei langen, geraden Spitzen stark an Spieße erinnerte. Das heutige Design mit den vier leicht nach oben gebogenen Zinken und der schaufelartigen »Ladefläche« stammt aus dem 18. Jahrhundert.[18] Und auch die Aufgaben der Gabel haben sich gewandelt. Von der Antike bis in die Gegenwart entwickelte sie sich vom monströsen Tranchierbesteck für Fleisch und Braten hin zum zierlichen, individuellen Tischgerät, mit dem man das Essen zum Mund führt.

¶   Despite the strong resentment against it, the fork prevailed in the end, though in most cases not until the seventeenth and eighteenth centuries. At the Viennese court, for example, dining with forks only became acceptable under Emperor Ferdinand III in 1651.[16] The use of the fork also changed how the other eating utensils were employed as well as what went into the cutlery set. The pricker (toothpick) lost its place because from now on spearing and transferring bite-sized morsels to one's mouth was achieved not by it (or the tip of one's knife) but by the fork.[17]

¶   Today nobody gets excited about forks anymore; they are just normal everyday implements. Since its emergence, however, the fork has undergone marked formal and functional changes. Initially, it was more akin to a martial instrument whose two long, straight prongs closely resembled spears. Today's design – with its four slightly upturned tines and flat "scoop" like the blade of a shovel – first appeared in the eighteenth century.[18] The tasks of the fork have changed too. From antiquity to the present it has evolved from a huge instrument for carving meat and roasts to a dainty individual table utensil used to lift food to one's mouth.

16   Braudel, 1985, p. 215
17   Morel, 2001, p. 72
18   Morel, 2001, p. 68–69

16   Braudel, 1985, S. 215
17   Morel, 2001, S. 72
18   Morel, 2001, S. 68–69

Sporks und Splayds – moderne Hybride

Da der Anspruch guten Designs auch darin liegt, Gegenstände nicht nur unreflektiert zu übernehmen, sondern ständig zu verbessern und neu zu überarbeiten, ist auch die Gestalt der Gabel kein zeitloses Fixum, sondern ein Ausgangspunkt ständiger Ver- änderungen und Anpassungen. Zu den jüngeren Innovationen zählt etwa der Göffel oder Spork eine Kombination aus Löffel und Gabel. Göffel haben meist die Grundform eines Löffels, der an der Vorderkante mit verkürzten Gabelzinken versehen ist. Die sogenannte Splayd, ein vom Australier William McArthur in den 1940er-Jahren entwickelter Spork, besitzt zusätzlich auch noch scharfe Seitenkanten, die sich zum Schneiden weicher Gerichte eignen. Die Idee, unterschiedliche Bestecktypen miteinander zu kombinieren, geht bereits auf den deutschen Konstrukteur Christian Leberecht Schnabel (1878–1936) zurück, den man für seine Besteckkreationen jedoch noch recht verlachte. Heute dagegen sind Göffel beliebte Einweg- oder Reisebestecke, gerne in Plastik ausgeführt und hervorragend für den Konsum von Fertigsuppen, Curries oder anderem halbflüssigen Fastfood geeignet. Der Gedanke, mehrere Bestecksorten in einem Instrument zu kombinieren, ist aller-dings nicht ganz neu. Aus Nürnberg ist bereits um 1600 eine Klappgabel aus vergoldetem Silber mit einer aufsteckbaren Löffellaffe und einem Zahnstocher im Stiel bekannt.[19]

19   *Morel, 2001, S. 70*

Sporks and Splayds – Modern Hybrids

And since it lies in the nature of good design not merely to accept objects without question but to constantly revise and improve them, the fork's form is not a timeless constant but the point of departure for ongoing changes and modifications. One of the more recent innovations is the spork – a hybrid tool that is half spoon, half fork. Sporks are generally shaped like spoons but are equipped with short tines along the front edge. The so-called Splayd, another spoon-fork hybrid, was created by the Australian William McArthur in the 1940s. In addition to its spork-like features it also has two hard blade-like edges on either side, which are suitable for cutting soft food. The idea of combining different cutlery types can be traced back to the German designer and inventor Christian Leberecht Schnabel (1878–1936), although his inventions were never really taken seriously. Today, sporks are popular disposable or travel implements often made of plastic and excellent for eating instant soups, curries, or other semiliquid fast-food dishes. But combining eating utensils goes back even further. One early example was found in Nuremberg: The folding silver-gilt fork with a spoon bowl that fits over the prongs and a toothpick tucked into the handle dates back to 1600.[19]

19   *Morel, 2001, p. 70*

Besteckset | Cutlery Set

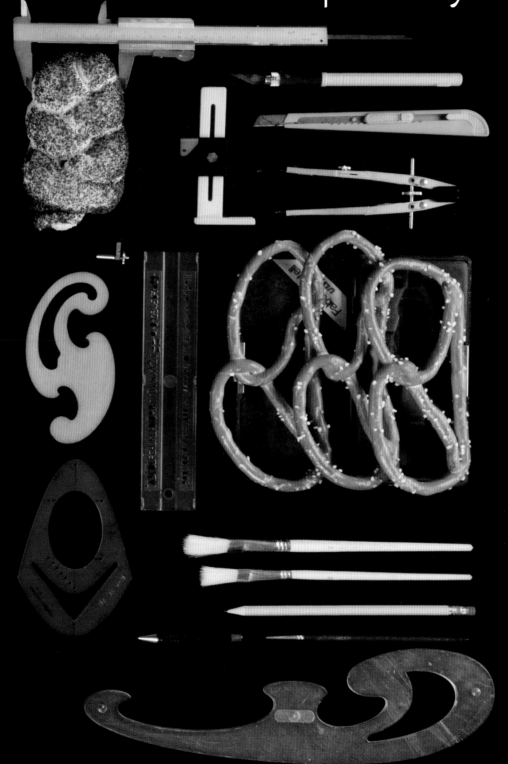

Besteckset – Die Vielfalt der Esswerkzeuge

Die Vielfalt an Essgeräten, die in Europa zum Einsatz kommen, ist im Grunde mehr als erstaunlich. In Asien genügen für den Konsum jeglicher Speise zwei simple Holzstäbchen. Auch in Europa nahm man Nahrung jahrhundertelang – wenn überhaupt – nur mit Hilfe eines Messers zu sich. Selbst der französische König Ludwig XIV. aß noch mit drei Fingern, was durchaus als höfisch galt, und er soll sein Geflügelragout besonders geschickt auf diese Weise verzehrt haben. Die Gabel lehnte er strikt ab und verbat sie auch seinen Prinzen.[1] Die Idee, das Messer bei Tisch mit einem anderen Werkzeug zu kombinieren, entstand erst vor rund 200 Jahren.[2] In weiten Teilen der europäischen Ober- und Mittelschicht wurde es überhaupt erst im Laufe des 19. Jahrhunderts Usus, die Gabel nicht nur beim Schneiden, sondern auch während des ganzen Essens in der linken Hand zu halten.

❧　Die Entstehung des dreiteiligen Bestecks mit Messer, Gabel und Löffel, wie sie heute für uns ganz selbstverständlich ist, hat historische Gründe.[3] Jahrtausendelang waren Messerschmiede auf die Herstellung von Waffen, nicht von Tafelgerät spezialisiert. Ganze Ortschaften, wie das deutsche Solingen oder das syrische Damaskus, lebten vom Ruf der dort geschmiedeten Schwerter, Degen und Dolche. Als Schusswaffen aufkamen und das Hieben und Stechen als Kampftechnik verdrängten, gingen nicht wenige Waffenschmieden Bankrott. Andere verlegten sich auf die Herstellung von Besteck. Und so sind Solinger Stahlwaren bis heute ein Synonym für gutes Schneidgerät.

Vom Kaviarlöffel über das Austernmesser bis hin zur Hummerzange kommt Esswerkzeug heute in nahezu endlos vielen Variationen auf den Tisch. Dass diese Vielfalt funktional nicht erforderlich ist, zeigt der Minimalismus des asiatischen Gedecks.

From caviar spoons to oyster knives to lobster tongs, we are faced today with a sheer endless variety of eating tools. The fact that this diversity is functionally unnecessary is demonstrated by the minimalism of the Asian place setting.

1　Paczensky, Dünnebier, 1999, S. 318ff. und
　　Hürlimann, Reininghaus, 1996, S. 227
2　Die Schwankungsbreiten sind je nach Schicht und Umfeld
　　sehr groß. Ein genaues Einführungsdatum des dreiteiligen
　　Bestecksets lässt sich daher nicht festlegen.
3　Morel, 2001, S. 72

Cutlery Set – The Diversity of Eating Utensils

The diversity of eating utensils used in Europe is frankly quite astonishing. In Asia all that is needed to eat any dish at all are two simple wooden sticks. In Europe, too, for centuries meals were eaten if not with one's fingers then with a single utensil: the knife. Even King Louis XIV of France ate with three fingers – which was completely in accordance with courtly etiquette – and is said to have been quite skilled at eating his ragout of poultry in this way. He was adamantly against the use of forks and forbade his sons to eat with them.[1] The notion of combining the knife and fork at the table only arose some 200 years ago.[2] Among the European upper and middle classes the custom of holding one's fork in one's left hand during the entire meal and not just when cutting one's food didn't become widespread until the nineteenth century.

❧　There is an interesting story behind the three-piece cutlery set that we know and take for granted today.[3] For millennia bladesmiths had specialized in forging weapons, not tableware. Entire towns, like Solingen in Germany or Damascus in Syria, lived from the reputation of the swords, rapiers, and daggers forged there. With the advent of firearms, slashing and stabbing were superseded as fighting techniques, and more than a few bladesmiths went bankrupt; others adapted and began making cutlery. Thus today Solingen has become a name synonymous with quality blades of all kinds.

1　Paczensky, Dünnebier, 1999, p. 318ff. and
　　Hürlimann, Reininghaus, 1996, p. 227
2　Since there was great variation depending on class
　　and social environment, it is difficult to pinpoint
　　when the three-piece cutlery set was adopted.
3　Morel, 2001, p. 72

Im 18. und 19. Jahrhundert, als es galt, die bürgerlichen Haushalte mit den – teils neuartigen Tischgeräten auszurüsten, versprach die Erzeugung von Messern, Gabeln und Löffeln ein gutes Geschäft. Als die Erstausstattung beendet war, versuchte man die Nachfrage mit der Erfindung neuer Besteckarten weiter anzukurbeln. Während sich das Besteckset im 18. Jahrhundert noch auf die wesentlichsten Teile beschränkte und selbst das persönliche »Mundzeug« des Kaisers nur aus Messer, Löffel, Markzieher, einer zweizinkigen und einer vierzinkigen Gabel bestand, etablierte sich im Bürgertum des 19. Jahrhunderts die Mode, für jede Speise ein spezielles Werkzeug zu kreieren. So erfuhr der Basisbestecksatz unzählige, oft wenig funktionale Erweiterungen.[4] Erfindungen wie das Fischbesteck, der Knochenhalter, der Dessert- und der Fett-Mager-Saucenlöffel stammen aus dieser Zeit.

Vom Kaviarlöffel über das Austernmesser bis hin zur Hummerzange kommt Esswerkzeug heute in nahezu endlos vielen Variationen auf den Tisch. Dass diese Vielfalt funktional nicht erforderlich ist, zeigt der Minimalismus des asiatischen Gedecks. Ein einziges, schlicht geformtes Essgerät wird paarweise verwendet und nur in seltenen Fällen durch einen Löffel ergänzt. Suppe wird aus Schüsseln getrunken.

Den einfachen Tischwerkzeugen steht dafür eine breite Palette an Schüsseln und Platten gegenüber. Anstelle von vielfältigen Metallwerkzeugen beweist man Stil und Geschmack bei Tisch in Japan mit der Auswahl der Schüsseln, in denen man die Speisen aufträgt. Die unterschiedlichen Designs der kunstvollen Schalen entsprechen dem Anlass und der Saison, und sie sind mit passenden Motiven und Gedichten verziert. Kirschblüten, Herbstblumen und Sinnsprüche auf dem Geschirr sind zudem auf das Menü, die Raumdekoration und im besten Fall auf den Kimono der Gastgeberin abgestimmt.

4   Morel, 2001, S. 146

In the eighteenth and nineteenth century, faced with the task of furnishing every middle-class household with the – in part – newfangledeating tools, the future of the cutlery business looked rosy. Once the first wave of demand had been met, companies tried to stimulate sales with the invention of new cutlery types. Whereas in the eighteenth century eating tools still concentrated on only the essentials, and even the personal travel silverware of the emperor consisted of just a knife, spoon, marrow spoon, two-tine and four-tine fork, in nineteenth-century bourgeois society it became fashionable to have a special utensil for each dish. Thus the basic cutlery set grew to encompass countless additions of often limited practical use.[4] Inventions like fish cutlery, the bone holder, dessert spoon, or gravy-separator spoon originated during this time.

From caviar spoons to oyster knives to lobster tongs, we are faced today with a sheer endless variety of eating tools. The fact that this diversity is functionally unnecessary is demonstrated by the minimalism of the Asian place setting. A simple pair of eating implements accompanied only on rare occasion by a spoon suffices for eating any dish.

Whereas in Japan the eating tools are kept simple, the place setting involves an array of different bowls and dishes. Rather than calling upon countless metal instruments, one shows style and taste through the tableware selected for presenting the food. The diverse designs of the elaborate bowls correspond to the occasion and season and are decorated with appropriate motifs and poems. The cherry blossoms, autumn flowers, and aphorisms on the dishes harmonize with the meal, interior decoration, and ideally the kimono of the hostess.

4   Morel, 2001, p. 146

Essgeschirr | Eating Dishes

Essgeschirr

Essgeschirr ermöglicht die Aufteilung von Gerichten in qualitativ und quantitativ unterschiedliche Portionen.

Eating dishes make it possible to divide meals into qualitatively and quantitatively different portions.

Schon die Menschen der Steinzeit benutzten Gefäße, die der Aufnahme von Speisen und Getränken dienten. In der Jungsteinzeit wurden Schüsseln und Becher aus Stein, Holz und Ton verwendet. Auch bronzene Gefäße sind bereits aus vorgeschichtlicher Zeit bekannt. Das Essgeschirr verfolgte zunächst praktische Zwecke, denn es ist einfacher, einen Brei mit der hohlen Hand aus einem Gefäß vor der Brust zu schöpfen als aus dem Kochtopf über dem Feuer. Essbehältnisse vereinfachen auch das Verteilen der Nahrung, was nun eine höhergestellte, als gerecht angesehene Person übernehmen konnte. Von Beginn an erfüllten Schüsseln und Schalen auch soziale Aufgaben, indem sie als Mittel zur Herstellung von Hierarchie und Ordnung dienten. Wenn aus einem Topf in der Mitte gegessen wird, ist der Zugang zur Nahrungsquelle für alle Beteiligten gleich. Essgeschirr dagegen ermöglicht die Aufteilung der Gerichte in qualitativ und quantitativ unterschiedliche Portionen.

Eating Dishes

Even Stone Age man used vessels to hold foods and beverages. In the Neolithic era bowls and cups were made of stone, wood, and clay. Prehistoric bronze vessels have also been unearthed. Initially, dishes served practical purposes, since scooping gruel with a cupped hand is easier to do from a bowl directly in front of you than from the pot over the cooking fire. Eating receptacles also made it easier to portion out the food, which from now on could be done fairly by a more important member of the group. From the beginning, bowls both deep and shallow also had a social function by serving as a means for establishing hierarchy and order. When eating out of a pot in the middle of the table, access to the food source is the same for everyone. Eating dishes, however, made it possible to divide the meal into qualitatively and quantitatively different portions.

Das individuelle Gedeck, wie wir es heute kennen, tauchte allerdings erst Jahrtausende später auf. Erasmus von Rotterdam, einer der ersten Autoren sogenannter »Tischzuchten« (Benimmregeln), schrieb noch im 16. Jahrhundert, dass sich jeweils zwei Tischgenossen eine Speiseunterlage und ein Trinkgefäß teilten. Dabei handelte es sich keineswegs um Porzellanteller. Gebranntes Porzellan wurde zwar schon im 6. oder 7. Jahrhundert in China erfunden, doch man konnte sowohl die Grundstoffe als auch das Verfahren geheim halten. Also mussten die EuropäerInnen mit Holz, Metall oder Brot Vorlieb nehmen.

The individual place setting as we know it today didn't appear until thousands of years later. In the sixteenth century Erasmus of Rotterdam, one of the first authors of books of etiquette, wrote that every two persons at the table shared one food receptacle and one drinking vessel. These were by no means porcelain plates. Although fired porcelain had already been invented in China in the sixth or seventh century, the raw materials as well as the manufacturing process were a well-kept secret. Thus Europeans had to make due with wood, metal, or bread.

Teller | Plate

Teller

»Die Schüssel als räumlicher Mittelpunkt, auf den sich der Ablauf der Handlung bei Tisch konzentriert, steht in der Nachfolge von Feuerstelle und Esstisch.«[1]

¶ Das räumliche, symbolische und gustatorische Zentrum eines Gedecks ist der Teller. Auf und mit ihm präsentieren sich das Können, die Großzügigkeit, der Geschmack und die Wertschätzung des Gastgebers oder der Gastgeberin gegenüber den Essenden. Die Geschichte der individuellen Speiseunterlage in Europa ist vergleichsweise jung. Bis ins späte Mittelalter aßen alle TeilnehmerInnen eines Mahles aus einer gemeinsamen Schüssel oder Pfanne, eine Sitte, die sich in bäuerlichen Kreisen bis ins 20. Jahrhundert hinein erhielt. Selbst an Fürstenhöfen wurde aus gemeinschaftlichen Schüsseln oder einfach nur aus den Kochtöpfen gegessen.

¶ Als Übergangsmedium zwischen der gemeinsamen Schüssel und dem »eigenen« Essen dienten zunächst dicke, rechteckige oder runde Brotscheiben, die den Saft aufsogen und das Tischtuch vor Flecken schützen sollten.[2] Nach dem Mahl verzehrte man die Brote gerne als »Dessert«, oder man verteilte sie an die Armen, die draußen schon darauf warteten. Später legte man runde, ovale oder rechteckige Holzbrettchen, die zunächst noch mit Brotscheiben kombiniert wurden, als Essunterlage auf. Sie wurden ab dem 13. Jahrhundert zunehmend auch als »Teller« bezeichnet.[3] Im 14. Jahrhundert entstand der flache Holzteller, um 1500 tauchten in der städtischen Oberschicht neben Holztellern erstmals auch Metallteller auf.[4] Die ersten Teller waren einfache flache Scheiben. Erst mit der Zeit erhielten sie immer aufwendiger gestaltete, nach oben gewölbte Ränder und die Vertiefung in der Mitte. Letztere erweiterte den Einsatzbereich enorm, da nun auch halbflüssige Gerichte und Breie

Das räumliche, symbolische und gustatorische Zentrum eines Gedecks ist der Teller. Auf und mit ihm präsentieren sich das Können, die Großzügigkeit, der Geschmack und die Wertschätzung des Gastgebers oder der Gastgeberin gegenüber den Essenden.

The plate is the spatial, symbolic, and culinary focus of a place setting. It is upon and through it that the host or hostess presents his or her skill, generosity, taste and esteem for the guest.

---

1   Morel, 2001, S. 39
2   Morel, 2001, S. 34
3   Hürlimann, Reininghaus, 1996, S. 228
4   Morel, 2001, S. 35

Plate

"The bowl as the spatial focal point around which the sequence of actions at the table revolve is the successor of the fire pit and the dining table."[1]

¶ The plate is the spatial, symbolic, and culinary focus of a place setting. It is upon and through it that the host or hostess presents his or her skill, generosity, taste, and esteem for the guest. The history of the individual food holder in Europe is comparatively young. Well into the late Middle Ages everyone sharing a meal ate out of the same bowl or pan, a custom that in peasant life continued into the twentieth century. Even among the nobility, one ate out of a communal bowl or directly from the cooking pot.

¶ An early transition stage between the communal bowl and one's "own" food involved so-called trenchers, thick slices of bread, either rectangular or round in shape, which protected the tablecloth by catching drippings.[2] After the meal the bread was eaten for "dessert"[3] or given to the poor who waited hungrily outside. Later the trenchers were combined with rectangular or disc-shaped wooden boards and finally phased out altogether. From the thirteenth century on, these discs were increasingly referred to as "plates".[4] Flat wooden plates emerged in the fourteenth century, and in the urban upper classes the first metal plates appeared alongside wooden plates around 1500.[5] The first plates were simple, round, and flat. Gradually, they were given elaborately designed, upward curving edges and a depression in the middle. The latter tremendously increased the plate's range since now semiliquid and mashed foods could be served on it. Little by little it supplanted the second most important type of eating dish: the bowl. Today more common in Asian countries, it was for centuries also a familiar fixture on European dining tables.[6]

---

1   Morel, 2001, p. 39
2   Morel, 2001, p. 34
3   This word derives from the Middle French root "desservir" which means "to clear the table"
4   Hürlimann, Reininghaus, 1996, p. 228
5   Morel, 2001, p. 35
6   Morel, 2001, p.38

auf Tellern serviert werden konnten. Nach und nach verdrängte der Teller den bis dahin zweitwichtigsten Geschirrtyp: die Essschüssel. Heute eher aus asiatischen Ländern bekannt, bildete sie auch in Europa jahrhundertelang einen fixen Bestandteil der Tafel.[5]

¶ Die Übergangsphasen zwischen den einzelnen Unterlagen von Broten über Brettchen, bis hin zu flachen und gewölbten Tellern waren offenbar lang und variantenreich, sodass sich Teller je nach Region und Schicht zu sehr unterschiedlichen Zeitpunkten durchsetzten. Manchen Quellen zufolge breiteten sich Holzteller selbst in der Oberschicht erst im Laufe des 16. Jahrhunderts aus.[6] Damals entstand auch der tiefe Teller.[7] Dabei dürften nicht nur die hohen Anschaffungskosten der nötigen Anzahl von Tellern eine Rolle gespielt haben, sondern auch die damals üblichen Tischsitten. Die Schüssel in der Tischmitte, aus der alle gemeinsam löffelten, fungierte nämlich auch als kommunikatives und soziales Zentrum, auf das man ungern verzichten wollte. Berichte, wonach Kinder, die nicht zur in der Mitte stehenden Schüssel gelangen konnten, eigene kleine Teller erhielten, beweisen, dass man das Speisegeschirr freiwillig miteinander teilte und nicht etwa der mangelnden Ausstattung wegen.[8]

¶ Heute umfasst das Standardrepertoire eines gutbürgerlichen Haushaltes in Mitteleuropa Suppenteller, flache Teller für Hauptgerichte, Dessertteller und gegebenenfalls Platz- oder Fischteller, in Summe gut und gern 100 Stück. Die Größe des jeweils gewählten Tellers unterstützt dabei die Dramaturgie des mehrgängigen Essens. Von Vorspeise zu Vorspeise werden die Teller immer größer, bis ihr Umfang nach dem als Höhepunkt erachteten Fleischgang wieder abnimmt.

5   Morel, 2001, S. 38
6   Morel, 2001, S. 35
7   Hürlimann, Reininghaus, 1996, S. 228
8   Morel, 2001, S. 40

Heute umfasst das Standardrepertoire eines gutbürgerlichen Haushaltes in Mitteleuropa Suppenteller, flache Teller, Dessertteller und gegebenenfalls Platz- oder Fischteller, in Summe gut und gern 100 Stück.

Today the standard repertoire of a solid middle-class family household in Central Europe consists of soup bowls, dinner plates, dessert plates, and in some cases charger plates or fish platters – easily 100 pieces in all.

¶ The transition phases between the individual food holders – from bread to board to flat plate to shallow bowl – were apparently long and varied. As a result, the length of time it took for plates to gain a foothold differed depending on region and social class. According to some sources, even among the upper classes the wooden plate only became widespread during the sixteenth century[7] parallel to the emergence of the shallow bowl.[8] It seems that the reasons for this were not only the high costs of acquiring the necessary number of plates but also the table conventions of the day. The communal bowl at the center of the table also served as the center of communication and social life, which people were reluctant to give up. Children still too small to reach the group bowl were given their own little plates – proof that eating from the same bowl was a voluntary act rather than a compromise for lack of sufficient equipment.[9]

¶ Today the standard repertoire of a solid middle-class family household in Central Europe consists of soup bowls, dinner plates, dessert plates, and in some cases charger plates or fish platters – easily 100 pieces in all. The size of a given plate underscores the dramatic buildup of a several-course meal, with each consecutive starter plate slightly larger than the previous one and plate size continuing to increase until what is regarded as the climax of the meal: the meat dish.

7   Morel, 2001, p. 35
8   Hürlimann, Reininghaus, 1996, p. 228
9   Morel, 2001, p. 40

Das Gedeck als Revier

Auch wenn der Teller einige Zeit benötigte, um sich zu behaupten, seine Wirkung war fulminant. Denn die individuelle Speiseablage ließ das Gedeck entstehen und veränderte das Verhalten bei Tisch nachhaltig. Brotscheiben, Brettchen und Teller boten den Essenden erstmals ein persönliches Territorium, um ihr Eigentum – die zugeteilte Portion – auf dem Weg von der Gemeinschaftsspeise hin zum Mund zwischenzulagern.

¶ Erst ab der Renaissance wurde es Sitte, für jeden Esser und jede Esserin einen eigenen Teller oder ein eigenes Brettchen bereitzustellen. Das individuelle Gedeck verbesserte nicht nur die Hygiene,[9] sondern führte auch zu einer körperlichen Abgrenzung vom Tischnachbarn. Denn durch den eigenen Teller erhielten alle Essenden einen gewissen Abschnitt des Tisches zugewiesen, den zu überschreiten bis heute als äußerst unhöflich empfunden wird. Es gilt, die anderen Mitessenden nicht zu berühren, sondern die Ellbogen möglichst eng an den Rumpf zu drücken und niemanden mit der eigenen Körperlichkeit – sei es optisch oder geruchsmäßig– zu belästigen. Mit dem Arm quer über den Tisch zu langen, um an irgendwelche Schüsseln oder Getränke zu kommen, oder im Gespräch mit ausladenden Gesten vor der Nase des Nachbarn herumzufuchteln, ist bis heute ein absolutes Tabu geblieben.

Als soziales Instrument schützt das Gedeck nicht nur vor fremden Keimen, sondern auch unsere Privatsphäre.

As a social instrument the place setting not only protects us from foreign germs but also protects our sphere of privacy.

The Place Setting as One's Territory

Although the plate took its time gaining acceptance, its impact was extraordinary. The plate as an individual food holder gave way to the place setting and would change table customs and manners forever. Bread, board, and plate offered the eater a personal territory, a temporary transit zone for one's property – the allotted portion – on its way from the communal bowl to the mouth.

¶ Not until the Renaissance period did it become customary to provide every eater with his or her own plate or board. The individual place setting not only improved hygiene[10] but also introduced a physical separation between people sitting next to each other. Along with your own plate you were also allotted a certain section of the table within which you were to remain; going beyond these bounds was and still is perceived as very impolite. You must refrain from touching other eaters, keep your elbows tucked in as close to your sides as possible, and make sure not to inconvenience anyone with your physical presence – whether visually or olfactorily. Reaching across the table for a bowl or a beverage or gesticulating and waving your arms in your neighbor's face are still absolutely taboo.

---

9 *Dass die Vorstellung von Hygiene immer eine relative ist, wird erst klar, wenn wir uns vor Augen führen, dass wir zwar nicht mehr mit den anderen TischgenossInnen aus einer Schüssel essen, aber zusammen mit allen BesucherInnen eines Restaurants dasselbe Besteck und dieselben Gläser verwenden. Zwar gehen wir davon aus, dass diese dazwischen gewaschen werden, ob und wie genau das passiert, davon überzeugen wir uns aber niemals selbst – vielleicht auch, weil wir gar nicht wissen wollen, dass das Geschirr vielleicht nicht immer richtig sauber gewaschen wird. Selbst in scheinbar hyperhygienischen Zeitaltern, wie am Beginn des 21. Jahrhunderts, nehmen die BewohnerInnen der westlich zivilisierten Welt in Restaurants, Kantinen oder bei Freunden Metallstücke in den Mund, die einen Geschirrspülerwaschgang vorher von völlig fremden Menschen abgeschleckt wurden.*

10 *It only occurs to us that our notion of hygiene is relative when we acknowledge that, although we no longer eat out of the same communal bowl shared by everyone at the table, all the customers at a restaurant do use the same silverware and glasses. We assume these are washed between successive uses, but we never check to see whether or how thoroughly this is done, perhaps because we don't really want to know that the dishes don't always get completely clean. Even in ostensibly hyperhygienic ages like the beginning of the twenty-first century we, the inhabitants of the civilized Western world, when eating at restaurants, cafeterias, or our friends' places, put pieces of metal into our mouths that only a dishwasher cycle ago were licked by complete strangers.*

Das individuelle Gedeck reduziert sowohl die körperliche als auch die verbale Kommunikation zwischen den TischnachbarInnen, die notgedrungen stattfinden muss, wenn man sich Schüsseln und Becher teilt. Die unsichtbaren Grenzen des Gedecks dagegen halten die Essenden zueinander auf Distanz und beschränken den zwischenmenschlichen Dialog weitgehend auf die Sprache. Ungezwungenes Interagieren bei Tisch wird heute bei Seminaren oder Geschäftsessen wieder bewusst eingesetzt, wenn Führungskräfte zu Fondue, Kasnocken oder anderen Gerichten, die man gemeinsam aus einem Gefäß verzehrt, einladen, um das Eis unter den KollegInnen zu brechen und Gemeinschaftsgefühl zu erzeugen.

Nicht zufällig fällt die Entwicklung des Gedecks in die Renaissance, als sich der und die Einzelne immer stärker von der Gruppe zu individualisieren begann. Denn als soziales Instrument schützt das Gedeck nicht nur vor fremden Keimen, sondern auch unsere Privatsphäre. Wie durch unsichtbare Schnüre abgeteilt, steckt es am Esstisch unser Revier ab, wobei jedes Eindringen von außen als schlimmer Fauxpas gewertet wird. Messer, Gabel, Gläser und Tischkante bilden die Grundfläche eines intimen Luftraums, dessen Verletzung als quasi körperlicher Angriff gedeutet und nur im engsten Familienkreis überhaupt geduldet wird.

Das Gedeck als Raumteiler bestimmt zudem die Größe der persönlichen Esszone. Bei offiziellen Diners misst diese gerade einmal 60 Zentimeter Breite. Im Gegensatz dazu suggerieren große Platzteller und vier, fünf oder sechs Besteckpaare daneben nicht nur ein mehrgängiges, kostspieliges Menü, sondern auch den Luxus, Platz zu haben. Der Platzteller erfüllt keinen anderen Zweck, als das Essrevier zu vergrößern.

The individual place setting reduces the physical and verbal communication that automatically takes place between people sharing bowls and cups. The invisible boundary of the place setting makes people sitting next to each other keep their distance and largely limits their interpersonal exchange to conversation. Today, informal interaction at the table is consciously encouraged at seminars or business lunches when managers invite employees to fondue, Mongolian barbecue, or similar shared meals in order to break the ice between colleagues and produce a sense of group belonging.

It is no coincidence that the place setting emerged during the Renaissance – at a time when man had started breaking off from the group and becoming a distinct individual – because as a social instrument the place setting not only protects us from foreign germs but also protects our sphere of privacy. As if by invisible strings, it marks off our territory at the dining table, and every encroachment constitutes a grave faux pas. Knife, fork, glasses, and the edge of the table trace the base plane of an intimate air space, the violation of which is tantamount to a physical attack and which is at best only tolerated among close family members.

The place setting as a partitioning element also determines the dimensions of the personal eating zone. At official dinners the width of this space measures just sixty centimeters. In contrast, large charger plates and four, five, or six pairs of forks and knives or spoons suggest not only a sumptuous, several-course meal but also the luxury of having space. The charger plate has no other purpose than to enlarge the eating territory.

Bis heute ist die porzellanene Essunterlage das wichtigste Utensil des Speiserituals. Selbst Fertiggerichte für die Zubereitung im Mikrowellenherd werden in nachgeahmten Porzellantellern aus Kunststoff verkauft.

To this day, porcelain dishes are the most important utensils used in the eating ritual. Even microwave meals are sold in imitation porcelain dishes made of plastic.

¶ Mehrgeteilte Kantinenteller, die zusätzliches Geschirr wie Salatschüsseln oder Beilagenteller einsparen und den persönliche Esssektor so auf ein absolutes Minimum reduzieren, gelten dagegen als Inbegriff des billigen und schnellen Essens. In Mensen, Skihütten oder Ausspeisungen stellt entsprechendes Geschirr sicher, dass die Gäste so dicht gedrängt wie möglich essen. Demselben Zweck dienen auch die Tabletts in Selbstbedienungsrestaurants: Mann an Mann auf den Tisch geschlichtet, sind sie das Maß aller Dinge, wenn es um die Größe der persönlichen Ellbogenfreiheit während des Essens geht. Und dieser Spielraum kann im Extremfall sogar die Menüauswahl bestimmen: Denn was auf dem Tablett keinen Platz mehr findet, kann eben auch nicht gegessen werden.

Die Materialfrage

Die ursprünglichen Teller waren aus Holz, Ton, Zinn und im Einzelfall aus kostbaren Edelmetallen wie Silber oder Gold.[10] Im Laufe des 16. Jahrhunderts veränderten spanische und portugiesische Seefahrer die höfische Tafelkultur nachhaltig, indem sie chinesisches Porzellan nach Europa verschifften. Das hitzebeständige und völlig geschmacksneutrale Geschirr wurde zu einer der teuersten Handelswaren überhaupt. Da dem Westen das Know-how zur Herstellung fehlte und beim Transport via Schiff naturgemäß einiges zu Bruch ging, war Porzellan überaus rar und umso begehrter. Erst mit der Gründung einer europäischen Porzellanmanufaktur in Meißen 1709 fielen die Preise. Nach und nach gelang es, immer kostengünstigeres Porzellan für den Massenkonsum herzustellen. Bis heute ist die porzellanene Essunterlage das wichtigste Utensil des Speiserituals. Selbst Fertiggerichte für die Zubereitung im Mikrowellenherd werden in nachgeahmten Porzellantellern aus Kunststoff verkauft.

10   *Hürlimann, Reininghaus, 1996, S. 228*

¶ Compartmentalized cafeteria plates that render salad bowls or side plates unnecessary and in this way reduce the personal eating sector to an absolute minimum epitomize cheap and fast dining. In cafeterias, ski lodges, or canteens specially designed plates ensure that diners are packed in as tightly as possible. Trays in self-service restaurants have the same purpose: shoulder-to-shoulder in even rows — when it comes to limiting the diner's range of motion, nothing beats them. And this personal elbow room can even determine the eater's food selection. After all, if it doesn't fit on your tray, you can't eat it.

The Matter of Material

The first plates were made of wood, clay, pewter, and in rare cases precious metals like silver or gold.[11] During the sixteenth century Spanish and Portuguese seafarers permanently changed courtly table culture by bringing Chinese porcelain to Europe. The heat-resistant and completely neutral-tasting dishes became one of the most expensive trading goods. Since the West lacked the know-how for producing it and because, not surprisingly, quite a bit broke in transit, porcelain was extremely rare and thus all the more coveted. Prices didn't drop until the first notable European porcelain manufactory was founded in Meissen in 1709. Gradually, companies produced more and more affordable porcelain for the masses. To this day, porcelain dishes are the most important utensils used in the eating ritual. Even microwave meals are sold in imitation porcelain made of plastic.

11   *Hürlimann, Reininghaus, 1996, p. 228*

*Abseits des Famili-
entisches etablierte
sich im Laufe des
20. Jahrhunderts
Essgeschirr aus
Kunststoff, Metall
und Papier.*

*During the twentieth
century it became
quite common to eat
from plastic, metal,
and paper plates as
long as it wasn't at
the family table.*

⁋   Bis heute konnte keine Innovation Porzellan als das Material von Tischutensilien verdrängen. 1953 entwickelte der amerikanische Designer Russel Wright das erste Design-Service aus Melamin. Obwohl sich das Service vor allem in Amerika sehr gut verkaufte, scheiterte seine Vision, Kunststoffgeschirr zur Standardware und die Tafelkultur durch Plastik noch leistbarer zu machen. Gegen die repräsentative Strahlkraft des ehemals kostbaren Porzellans konnte sich der neue Werkstoff nicht behaupten, auch wenn er funktional in vielerlei Hinsicht überlegen war. Und so blieb die Verwendung von Porzellangeschirr bislang – zumindest bei Tisch - ein ungebrochenes Dogma.

⁋   Für die Nahrungsaufnahme außerhalb der eigenen vier Wände – sei es beim Militär, beim Campieren oder beim Picknicken – konnten sich aber sehr wohl Sonderformen des Tellers aus anderen Materialien durchsetzen. Abseits des Familientisches etablierte sich im Laufe des 20. Jahrhunderts Essgeschirr aus Kunststoff, Metall und Papier. Der sogenannte Henkelmann, ein zusammensteckbarer und tragbarer Geschirrsatz aus Metall, galt während der 1950er- und 1960er-Jahre als unverzichtbares Zubehör für IndustriearbeiterInnen. Mittags ließ man sich das mitgebrachte Essen in der Firmenkantine aufwärmen. Während der transportable, metallene Geschirrsatz in Europa weitgehend verschwand, sind »Dabbas«, mehrteilige Metallboxen für Essen, in Indien nach wie vor sehr beliebt. Als »Dabbawalas« bezeichnete Zusteller bringen in Mumbai täglich hunderttausende Mittagessen von den Privathaushalten oder Dabba-Küchen zu den Arbeitsstätten in allen Teilen der Megametropole.[11]

⁋   No innovation has yet been able to surpass porcelain as the material for making eating dishes. In 1953 the American designer Russel Wright developed the first melamine dish set. Although this designer tableware sold very well, especially in the United States, Wright's vision of making plastic tableware a standard article and rendering table culture generally affordable through plastic products inevitably failed. This new material, despite its in many regards superior functionality, didn't stand a chance against the appeal and prestige of once so precious porcelain. Thus at least at the table the long-held tenet that porcelain dishes are superior remains unbroken.

⁋   Outside the home – whether in the field, around the campfire, or at the picnic table – special kinds of dishes made of other materials have managed to gain acceptance. During the twentieth century it became quite common to eat from plastic, metal, and paper plates as long as it wasn't at the family table. Around mid-century, various types of lunch pails became popular. One model in the German-speaking world was the so-called "Henkelmann". Ubiquitous among factory workers during the 1950s and 60s, this multi-part metal lunch box made it possible to have one's food warmed up at the company canteen. Whereas portable metal mess kits have largely disappeared in Europe, in India "dabbas", multi-tiered lunch boxes, are still very popular. In Mumbai, delivery people called "dabbawalas" pick up lunches from the private homes where they are prepared or from dabba kitchens and bring them to hundreds of thousands of people at their workplaces throughout the megalopolis every day.[12]

11   vgl. »Das perfekte Chaos: Mit den Dabbawalas unterwegs in Mumbai,« Dokumentarfilm von Antje Christ; Deutschland 2008

12   cf. "Das perfekte Chaos: Mit den Dabbawalas unterwegs in Mumbai", a made-for-TV documentary by Antje Christ; Germany, 2008.

In Nordamerika setzte man zur Verköstigung der Arbeiterschaft ab den 1930er-Jahren auf sogenanntes Einweggeschirr, das unmittelbar nach der Benutzung weggeworfen wurde. Den zentralen Bestandteil bildete der Pappteller, den Hermann Henschel bereits 1867 im deutschen Luckenwalde erfunden hatte. 1948 fand Wegwerfgeschirr erstmals in der Gastronomie Verwendung, und zwar bei McDonald's. Eigentlich sollte es den hohen finanziellen Aufwand von Reinigung, Bruch und Diebstahl des herkömmlichen Geschirrs kompensieren, eröffnete der Hamburgerkette aber gleichzeitig eine neue Geschäftsidee mit bahnbrechendem Erfolg: die Möglichkeit, Speisen aus dem Restaurant mit nach Hause zu nehmen. Mittlerweile steht das Einweggeschirr durch wachsende Müllberge im Kreuzfeuer der Kritik, auch wenn bereits Varianten aus (angeblich) nachhaltigem Zuckerrohr existieren. Versuche, Pappteller und Plastikbecher mit einer Abfallabgabe zu belegen, blieben bisher allerdings mäßig erfolgreich.

In order to feed its workforce, North America began using disposable dishes and cutlery from the 1930s on. The backbone of this trend was the paper plate, which had been invented in 1867 by Hermann Henschel in Luckenwalde, Germany. In 1948 disposable dishes were first used in the restaurant business, namely by McDonald's. Actually, the idea was to compensate for the high costs involved in using conventional dishes: washing, breakage, and theft. But at the same time the hamburger chain introduced a brand-new business idea with groundbreaking success: the option of taking restaurant food home with you. Meanwhile, in the face of the ever-growing mountains of trash we produce, disposable eating utensils are caught in the crossfire of debate, despite the fact that (purportedly) sustainable alternatives made of sugarcane are now available. Attempts to levy garbage taxes for paper plates and plastic cups have to date met with only moderate success.

Trinkgefäß | Drinking Vessel

Trinkgefäß

Die menschliche Physiognomie taugt nur mäßig dazu, Wasser direkt aus Quellen, Bächen oder Teichen zu trinken. Die Natur hat uns weder mit einem vorgelagerten Schöpfinstrument, wie einem Schnabel, noch mit einer langen Zunge zum Aufschlabbern, noch mit einem Rüssel zum Saugen ausgestattet. Auch die hohle Hand eignet sich nur bedingt als Trinkgefäß: Zum einen ist sie nicht ganz dicht, zum anderen ist ihr Volumen eher klein und ihre Verwendung nicht immer hygienisch. Kein Wunder also, dass alle Kulturen bereits frühzeitig Trinkgefäße entwickelt haben.[1] Jahrtausendelang waren Trinkgefäße aus gedrechseltem Holz, Speckstein, Steingut, Keramik, Glas, Zinn oder Edelmetall in Verwendung. Bereits in der Urzeit benutzte man Trinkbehältnisse aus Bronze. Da die Mythologie das Trinken mit der Einnahme der Seelennahrung oder Lebensspeise in Zusammenhang brachte, waren Trinkbehälter im Gegensatz zu Essgeschirr nicht nur Utensilien des täglichen Gebrauchs, sondern auch magische Objekte.

Da die Mythologie das Trinken mit der Einnahme der Seelennahrung oder Lebensspeise in Zusammenhang brachte, waren Trinkbehälter im Gegensatz zu Essgeschirr nicht nur Utensilien des täglichen Gebrauchs, sondern auch magische Objekte.

---

1   Eine jungsteinzeitliche Kultur Nordeuropas wurde sogar nach ihren charakteristischen trichterförmigen Trinkbehältern »Trichterbecherkultur« benannt.

Drinking Vessel

Human physiognomy is only moderately suited to drinking water directly from springs, streams, or ponds. Nature gave us neither a protruding scoop-like beak, nor a long tongue for lapping, nor a trunk for sucking up water. And the cupped hand as a drinking vessel has its limitations: It isn't completely watertight, is relatively small, and not particularly hygienic. No wonder, then, that all cultures soon developed drinking vessels.[1] Bronze beakers have been traced back to prehistoric times. Since according to myth, drinking was associated with nourishment for the soul or the food of life, vessels for drinking, unlike those for eating, have always been not only everyday implements but also magical objects.

Since according to myth, drinking was associated with nourishment for the soul or the food of life, vessels for drinking, unlike those for eating, have always been not only everyday implements but also magical objects.

---

1   The Neolithic Funnelbeaker culture in northern Europe was even named after its characteristic funnel-shaped drinking vessels.

¶   Die Urform des Trinkgefäßes ist der Becher. Im alten Ägypter waren Becher rituelle, teils heilige Gegenstände, die Kraft und Leben symbolisierten, und daher beliebte Attribute der Götter. In der Antike trank man aber vor allem aus flachen Schalen, sogenannten »kylix«, die sich vermutlich aus der Sitte, menschliche Schädel als Trinkgefäße zu gebrauchen, entwickelt haben.[2] Auch im Mittelalter waren Trinkschalen allgemein übliche Gefäße bei Tisch, wie der Teppich von Bayeux aus dem 11. Jahrhundert zeigt. Heute kennt man flache Schalen noch als Degustationsinstrument von Wein und – mit einem Stiel versehen – als Champagnerglas.[3]

¶   Durch die Kombination der »cuppa« (Schale)[4] mit einem »stilus« (Schaft) und einem »pes« (Fuß) entstand in weiterer Folge der Kelch. Auch Kelche waren anfänglich spirituelle Gefäße, die meist aus wertvollen Materialien wie Gold gefertigt und oft mit übersinnlichen Kräften ausgestattet waren. Der Heilige Gral zum Beispiel, jener Kelch, aus dem Christus beim letzten Abendmahl getrunken haben soll, spendet der Legende nach ewiges Leben.[5] Das wunderwirkende Trinkgefäß gilt daher auch als einer der wertvollsten Schätze des Christentums – der jedoch bislang unentdeckt blieb. Nach wie vor ist der Kelch, aus dem ursprünglich nur der Priester trinken durfte, eines der zentralen Requisiten der christlichen Liturgie.

¶   For thousands of years humans have been drinking from vessels made of turned wood, soapstone, earthenware, ceramics, glass, pewter, or precious metals. The archetypal shape of the drinking vessel is the beaker. In ancient Egypt, containers like these were ritual, sometimes sacred, objects that symbolized power and life and thus often served as attributes for the gods. In antiquity the shallow drinking bowl, or "kylix", presumably evolved from the custom of using human skulls as cups.[2] In the Middle Ages, too, such bowls were common drinking vessels at the table, as is depicted in the eleventh-century Bayeux Tapestry. Today one is most likely to encounter such shallow bowls as wine-tasting implements and – with a stem attached – as champagne coupes.[3]

¶   The chalice was created by combining the "cuppa" (bowl) with a "stilus" (stem) and a "pes" (foot). Chalices, too, were initially spiritual vessels, which were often made of valuable materials like gold and endowed with supernatural powers. The Holy Grail, for example, the chalice from which Jesus is said to have drunk at the Last Supper, has the power to grant eternal life.[4] This miraculous cup is considered one of Christianity's most valuable treasures – though it is yet to be found. The chalice, from which originally only the priest was allowed to drink, continues to be one of Christianity's most important liturgical objects.

2   *Morel, 2001, S. 50*
3   *Morel, 2001, S. 50*
4   *vgl. engl. »cup«*
5   *vgl. Symbolik des Bechers im alten Ägypten*

2   *Morel, 2001, p. 50*
3   *Morel 2001, p. 50*
4   *cf. symbolism of the drinking vessel in ancient Egypt*

*Bei Sportver-
anstaltungen
stemmen siegreiche
AthletInnen riesige
Trinkgefäße in
die Höhe – aus
denen natürlich nie
getrunken wird.*

*At sporting events
the winning
athlete raises an
enormous drinking
vessel – from which
of course no one ever
takes a sip – over
his or her head.*

¶ Auch im weltlichen Bereich spielten kunstvoll bearbeitete, reich verzierte Prunkbecher und Kelche eine wichtige Rolle. An den Fürstenhöfen waren sie, ähnlich wie heute der Sportwagen oder der Privatjet, ein wichtiger Gegenstand der Repräsentation. Später dienten die goldenen Trinkgefäße als Vorbild für sogenannte Zunftbecher und silberne Pokale, die man honorigen Personen als Ehrengeschenk – ähnlich einem Orden – überreichte. Diese Sitte lebt heute noch bei Sportveranstaltungen fort, wenn siegreiche AthletInnen riesige Trinkgefäße in die Höhe stemmen – aus denen natürlich nie getrunken wird. Ganze Bewerbe wie der FIFA World Cup oder der Stanley Cup im Eishockey, sind nach den ehemals fürstlichen Prunkkelchen benannt.

¶ Nicht nur als Siegestrophäe haben Kelche bis in die Gegenwart zumindest einen Teil ihrer Symbolkraft behalten. Im Alltag ist der Kelch mittlerweile als Weinglas in fast jedem Haushalt zu finden. Doch auch das Stielglas ist ein Behältnis mit einer besonderen Funktion geblieben, das – von der Biertulpe über die Sektflöte bis zum Cognacschwenker – praktisch ausschließlich mit alkoholischen Getränken befüllt wird.

¶ In the secularized world, too, elaborately crafted, richly ornamented goblets and chalices played a significant role. At court they were regarded as important objects of prestige, comparable to the sports car or private jet today. Later, these gold drinking vessels served as models for the guild goblets and silver trophies that were presented – like medals – to honorable persons. This custom can still be observed at sporting events when the winning athlete raises an enormous drinking vessel – from which of course no one ever takes a sip – over his or her head. Sometimes the competition itself – in football the World Cup, for instance, or in hockey the Stanley Cup – is named after the princely goblet of yesteryear.

¶ Beyond the victory trophy, goblets have also retained at least part of their symbolic power. While they have in the form of wine glasses become common household articles, the stem glass continues to be a vessel with a special function: From the beer tulip to the champagne flute to the cognac snifter it is used almost exclusively for alcoholic beverages.

Die Tasse

Bis zum Ende des Mittelalters kannte man in Europa keine hitzebeständigen Tassen. Da Heißgetränke wie Kaffee, Kakao und Tee unbekannt waren, bestand auch gar keine Notwendigkeit dazu. Erst die transkontinentale Seefahrt brachte die später so begehrten Rohstoffe ab dem 15. Jahrhundert sukzessive nach Europa. Dennoch blieben die belebenden Hotdrinks noch für Jahrhunderte den reichen Eliten vorbehalten. Alle anderen Schichten tranken – egal ob zum Frühstück oder zum Abendessen – weiterhin ihr (leichtes) Bier, da die alkoholische Gärung die einfachste Möglichkeit darstellte, Wasser zu konservieren.

❦ Was den Konsum von Tee oder Kakao so luxuriös machte, war auch das entsprechende Geschirr. Als adelige Kreise im 17. Jahrhundert begannen, die exotischen Getränke aus Übersee zu servieren, erwiesen sich die bislang üblichen Trinkgefäße schnell als ungeeignet. Die keramischen Becher hielten der Hitze nicht stand und zersprangen, die metallenen wurden außen so heiß, dass man sich die Finger verbrannte. Als einzige Alternative blieb, neben den kulinarischen Zutaten auch die dazu passenden Schalen aus chinesischem Porzellan zu importieren.

❦ Nicht nur der Genuss von Kaffee und Tee an sich zeugte von Reichtum, Macht und Ansehen, sondern auch die weit gereisten Tassen, in denen sie ausgeschenkt wurden. Auf den Besitz dieser teuren Gegenstände war man mitunter so stolz, dass man den Ring- und den kleinen Finger beim Trinken abgespreizte, um das handgemalte Dekor der Prunkstücke besser zur Geltung zu bringen. Diese kleine Geste, die mancherorts noch immer praktiziert wird, gilt nach wie vor als besonders nobel. Auch wenn der ausgestreckte kleine Finger im Regelfall nicht mehr dazu dient, mit dem Geschirr zu protzen, ist er doch ein gutes Beispiel dafür, wie Gegenstände unser Verhalten prägen.

The Cup

Until the late Middle Ages drinking vessels suitable for hot drinks didn't exist in Europe. However, since hot beverages like coffee, cocoa, and tea hadn't been introduced yet, there was no need for them either. It wasn't until the fifteenth century that transcontinental sea trade began bringing these later so coveted commodities to Europe. Even so, for many centuries to follow, the invigorating hot beverages were a luxury only the wealthy elite could afford. All other social classes drank (light) beer, since alcoholic fermentation was the simplest way to preserve drinking water.

❦ Part of what made sipping tea or coffee such a luxury had to do with the proper dishes. In the seventeenth century, when aristocratic circles began serving the exotic beverages from across the ocean, the commonly used receptacles soon proved inadequate. Ceramic cups were not able to withstand the heat and cracked; metal ones got so hot you couldn't pick them up without burning your fingers. The only alternative was to import not only the culinary ingredients but also the Chinese porcelain cups that went with them.

❦ Not only the act itself of indulging in coffee and tea was a demonstration of wealth, power, and prestige, but so were the corresponding cups from halfway around the world. Their owners were sometimes so proud of these expensive objects that to call attention to the hand-painted flourishes they extended their ring fingers and pinkies when lifting their teacups. This little gesture that one still sees here and there conveys a sense of nobility even today. And though the raised pinky usually isn't to show off one's china anymore, it is a good example of how objects influence our behavior.

¶ Wie nachhaltig sich Utensilien auf die Tischsitten auswirken können, zeigt auch die englische Gepflogenheit, in besonders vornehmen Kreisen zuerst die Milch und erst danach den Tee in die Tasse zu gießen. Sie stammt aus der Anfangszeit der europäischen Porzellanerzeugung, als die billigeren, europäischen Teeschalen noch nicht vollkommen hitzebeständig waren. Aus Angst, die wertvolle Tasse könnte brechen, füllte man zuerst etwas kalte Milch hinein, um den heißen Tee abzukühlen. Wenn der Butler heute beim Afternoon Tea zuerst die Milch eingießt, so besteht dafür längst keine praktische Notwendigkeit mehr, wohl aber eine soziale: Denn der gute Ton schreibt diese Abfolge vor, auch wenn sie mittlerweile nicht mehr ist, als eine zweckfreie Formalität.

Henkel und Service

Während man in Ostasien Tee aus kleinen Schälchen ohne Henkel trinkt, entwickelten die EuropäerInnen mit der Zeit ihr eigenes Design. Vielleicht in Anlehnung an die traditionelle Form des Bierkruges ließ man in China ab zirka 1750 eigens Schalen mit zierlichem Henkel herstellen. Etwa zeitgleich kam auch die Idee für eine separates Kaffee-, Kakao- oder Teeservice auf. Die einheitlich gestalteten Geschirrensembles umfassten neben Kannen, Milchkännchen und Zuckerdosen auch Untertassen und eigene Löffel, die allesamt in demselben Dekor auf den Tisch kamen. Den Untertellern kam dabei neben der Aufgabe, das Tischtuch vor Flecken zu schützen, eine besondere Funktion zu. Um den stets heiß servierten Kaffee oder Kakao schneller auf Trinktemperatur abzukühlen, füllten ihn die noblen Damen und Herrn des 18. und 19. Jahrhunderts in die Untertasse und tranken ihn daraus.[6] Wie so oft verschwand zwar das Prozedere, doch der Gegenstand blieb erhalten. Heute dient der Unterteller nicht mehr als Trinkhilfe, sondern als Ablage für den Kaffeelöffel. Daraus zu trinken, wäre kein Zeichen guter, sondern, im Gegenteil, sehr schlechter Manieren.

¶ The perennial impact that implements can have on table manners also becomes apparent in the British custom – found especially in the most distinguished circles – of pouring first the milk and then the tea into one's cup. It comes from the early days of European porcelain when the less expensive European teacups still weren't absolutely heat-resistant. For fear of cracking the precious cup, a little cold milk was poured in first in order to cool down the hot tea. So today at afternoon tea, when the butler pours the milk first, it is no longer out of practical but social necessity, for propriety calls for things to be done in this sequence even if it is a formality with no apparent purpose.

Handles and Service

Whereas in East Asia tea is drunk from small cups without handles, Europeans developed their own design over the course of time. From roughly 1750 on, they placed orders in China for the production of their own style of cups with dainty handles – perhaps based on the traditional form of the beer mug. About the same time, the idea for coffee, cocoa, and tea sets was born. The matching services consisted not only of pots, milk pitchers, and sugar bowls, but also saucers and spoons to be presented on the table as an ensemble. In addition to its function of protecting the tablecloth from spills, the saucer also served a special purpose. In order to cool coffee or cocoa – which was always served piping hot – to drinking temperature, noble ladies and gentlemen of the eighteenth and nineteenth centuries poured it into their saucers from which they would also drink it.[5] As so often, the object remains though the procedure has long been forgotten. Today the saucer no longer serves as a drinking instrument but as a rest for one's coffee spoon. To actually drink out of it would be a sign of not good but on the contrary very bad manners.

5   Morel, 2001, p. 105

6   Morel, 2001, S. 105

¶ Eine Sonderform der Tasse ist jene mit zwei Henkeln oder Ohren, die für klare Suppen verwendet wird, während legierte Suppen üblicherweise in tiefen Tellern serviert werden. Da man aus ihr löffelt und nicht trinkt, ist sie genau genommen keine Tasse, sondern eine moderne Form der Essschüssel.[7]

Das Glas

Jenes Trinkgefäß, das wir heute am meisten benutzen, ist vergleichsweise jung: das Glas. Bis ins 17. Jahrhundert trank man aus Zinn- oder Keramikbechern, aus Steinzeugkrügen oder Holzschalen. Behältnisse aus Glas waren dagegen kaum auf einer Tafel zu finden.[8] Auch wenn das Material selbst vermutlich bereits um 1500 vor Christus erfunden wurde und im alten Rom sehr beliebt war, erforderte dessen Herstellung leistungsfähige Schmelzöfen und handwerkliches Geschick. Ungetrübtes, wirklich transparentes Glas wurde in Europa überhaupt erst ab Mitte des 15. Jahrhunderts produziert und blieb für die breite Masse für lange Zeit unerschwinglich. Erst ab dem 18. Jahrhundert, als sich die Tafelkultur zu verfeinern begann, gewannen aufwendig dekorierte Gläser an Bedeutung. Sie wurden bemalt, geschliffen, geätzt, graviert, vergoldet und je nach Mode formal immer wieder verändert. Am Hof der Habsburger galt zum Beispiel der sogenannte Römer,[9] ein Kelch aus grünem Glas mit einem konischen, gerippten Fuß mit Noppen, als vornehmstes Trinkgefäß. Die Popularität der neuen Gläser (und Tassen) ließ die traditionellen Trinkbecher langsam von den Tischen verschwinden. Seither benutzen wir niedrige Porzellangefäße für heiße, und gläserne Behälter für kalte Getränke.

7   Morel, 2001, S. 39
8   Morel, 2001, S. 58
9   die Bezeichnung leitet sich nicht von den Römern, sondern von »rühmen« ab

¶ A special form of the cup is a receptacle with a handle on either side. It is used for clear consommés, whereas thick soups are usually served in shallow bowls. However, since one spoons its contents into one's mouth rather than lifting it to drink, it is not a cup, strictly speaking, but a modern form of an eating dish.[6]

The Glass

The most commonly used drinking vessel today is comparatively young: the glass. Well into the seventeenth century people drank from pewter or ceramic cups, stoneware mugs, or wooden bowls. In contrast, glass vessels rarely appeared on the dining table.[7] Even though the material itself had been invented around 1500 B.C. and had been very popular in ancient Rome, its production required powerful furnaces and skilled craftsmanship. Although its opaque cousin had been around for millennia, truly clear glass was not actually achieved in Europe until the mid-fifteenth century, and for the populace it remained unaffordable for a long time to come. It wasn't until the eighteenth century when table culture became more refined that elaborately decorated glasses finally gained importance. They were painted, cut, etched, engraved, gilded, and their form was altered constantly depending on the current fashion. At the Habsburg court, for instance, a goblet made of green glass with a knobbed stem and a conical, ribbed foot – the so-called rummer or roemer[8] – was regarded as the most noble of all drinking glasses. Due to their popularity, these new glasses (and cups) eventually supplanted traditional drinking vessels, so that now we use low porcelain vessels for hot beverages and glass ones for cool drinks.

6   Morel, 2001, p. 39
7   Morel, 2001, p. 58
8   which derives from the Dutch root "roemen" = to praise

Woraus man trinkt, ist eine Frage der Mode

Waren die Designs bis vor hundert Jahren von Kunsthandwerk und Repräsentation bestimmt, so setzte sich Anfang des 20. Jahrhunderts die sogenannte Zweckform durch. Seither sind Trinkgefäße nicht mehr aufwendig dekoriert, sondern funktional und ergonomisch geformt. Die traditionelle Materialvielfalt reduzierte sich auf die drei Werkstoffe Glas, Keramik und Kunststoff. Dennoch haben Trinkgefäße ihren Stellenwert als Statussymbole nicht eingebüßt. Wer etwas auf sich hält, hat für jede Rebsorte einen eigenen Satz Gläser und für jede Kaffeezubereitungsart – vom Espresso bis zum Café Latte – ein eigenes Service in der Vitrine stehen. Allein im deutschsprachigen Raum zählt man von der Stange und den Eimer über die Flöte bis hin zu Krügel und Seidel neunzig verschiedene Bierglastypen.

❡   Der österreichische Glasproduzent Claus Josef Riedel etablierte ab den 1960er-Jahren die Idee, dass Getränke – allen voran Wein – nur dann perfekt erlebt werden könnten, wenn man sie aus entsprechenden Gläsern konsumiert. Und so variieren Dimension, Glasbeschaffenheit, Form und Proportion moderner Trinkgefäße je nach Inhalt. (Interessantes Detail am Rande ist, dass die Kelche für die teuersten Weine mit Abstand die größten sind.) Selbst in traditionellen Weinländern wie in Italien oder Frankreich verdrängen langstielige, dünnwandige Gläser mit großer Kuppa zunehmend die traditionellen Formen ohne Schaft. Weltweit erwerben WeinliebhaberInnen heute Minimalvariationen des immer gleichen Kelches und würden ihn niemals an der Kuppa halten, sondern immer nur am Schaft. Diese Sitte scheint ebenso jüngeren Datums zu sein wie das Dogma, Wein aus Kelchen zu trinken. Auf Fotos der Hochzeit von Fürst Rainier III. mit Grace Kelly im Jahr 1956 halten alle Gäste das Glas an der Schale, nicht am Stiel. In adeligen Kreisen ist es bis heute üblich, Weingläser an der Kuppa zu halten.

The Vessel as a Vehicle of Fashion

Whereas until a century ago tableware designs were determined by craftsmanship and considerations of prestige, by the early twentieth century form had begun to follow function. From then on, drinking vessels were no longer elaborately decorative but were designed to be practical and ergonomic. The traditional diversity of materials was reduced to but three: glass, ceramics, and plastic. Drinking vessels have nevertheless not lost their significance as status symbols. Any self-respecting connoisseur has a china cabinet with a separate set of wine glasses for every varietal and a different coffee service for every method of preparing coffee – from espresso to caffè latte. And from the pilsner to the wheat beer glass to the mug or the beer stein, in the German-speaking world alone there are ninety different types of beer glasses.

❡   From the 1960s on, the Austrian glass manufacturer Claus Josef Riedel spread the idea that beverages – especially wines – could only be perfectly experienced if they were drunk from the proper glass. Thus the size, glass composition, form, and proportion of modern drinking vessels must vary depending on what is in them. (An interesting bit of trivia: The stemware for the most expensive wines is by far the most voluminous.) Even in traditional wine countries like Italy or France long-stemmed, thin-walled glasses with large bowls are increasingly replacing the traditional forms without stems. Worldwide, wine lovers are purchasing minimally differing variations of the same glass and wouldn't dream of holding them by the bowl, but always by the stem. This custom seems to be just as young as the tenet itself of drinking wine from stemmed glasses. In photographs of the 1956 wedding of Prince Rainier III and Grace Kelly all the guests are holding their glasses by the bowl and not the stem, a custom still common in aristocratic circles.

Allein im deutschsprachigen Raum zählt man von der Stange und den Eimer über die Flöte bis hin zu Krügel und Seidel neunzig verschiedene Bierglastypen.

From the pilsner to the wheat beer glass to the mug or the beer stein, in the German-speaking world alone there are ninety different types of beer glasses.

Kaum ein anderer Gegenstand am Tisch inspirierte seine GestalterInnen zu einer ähnlich großen Formenvielfalt wie das Trinkgefäß. Während uns ziemlich egal ist, ob wir Salat aus einer kleinen Schüssel oder von einem flachen Beilagenteller essen, wirkt die mythologische Bedeutung von Trinkbechern, Kelchen und Schalen bis heute nach. An der Frage, ob Champagner aus flachen Schalen oder aus hohen Flöten besser schmeckt, können sich durchaus die Gemüter erhitzen.

Formal haben sich Trinkhilfen aus den zwei Urtypen – Trinkschale und Trinkbecher – entwickelt. Schalen kennt man heute nur noch in Kombination mit einem Stiel. Die Form des Bechers lebt im Wasserglas und, mit Henkel versehen, als Tasse für Heißgetränke fort. Becher aus Kunststoff sind als Kinder- oder Einweggeschirr gebräuchlich. Andere Gestaltungsmerkmale sind dagegen völlig verschwunden. Ein Element, das Trinkgefäße – abgesehen vom Auslaufschutz bei Babyflaschen – im Laufe der Zeit eingebüßt haben, ist der Deckel. Um vor Ungeziefer und unerwünschten Trinkgefährten zu schützen, waren Becher, Krüge und auch Kelche meist mit einem entsprechenden Verschluss versehen.[10] Der bauchige Doppelbecher, dessen großer Klappdeckel als zweites, kleineres Trinkgefäß verwendet werden konnte, war im Mittelalter – und lange danach – äußerst beliebt. Selbst Suppentassen waren ursprünglich mit einem Deckel versehen. Auch der Bierdeckel erfüllte, wie sein Name schon sagt, ursprünglich diese Funktion.[11]

10 *Morel, 2001, S. 50*
11 *Morel, 2001, S. 39*

Hardly another tableware object has inspired its designers to bring forth such a great diversity of forms. Whereas we don't seem to care whether we eat our salad from a small bowl or a flat side dish, the mythological power of drinking vessels, goblets, and bowls still works its magic on us today. The question as to whether champagne tastes better from a shallow coupe or a tall flute is capable of stirring strong emotions.

Formally, drinking implements have evolved from two prototypes – the shallow bowl and the beaker. Today the former only occurs in combination with a stem. The beaker lives on in the form of the water glass and if you add a handle, it's a mug for hot beverages. Plastic beakers are in common use as indestructible cups for children or disposable cups for all purposes. Some design attributes have completely disappeared. One such element that has, with the exception of baby bottles, fallen by the wayside is the lid. In former days cups, mugs, and even goblets were fitted with a lid to keep out unwanted drinking companions.[9] The rounded "double mug" with its bowl-shaped, hinged lid that could be detached and used as a smaller drinking cup was extremely popular in medieval times, and long afterwards as well. Even soup cups used to be fitted with lids. And the beer coaster originally served this function too, a fact that is preserved in the German word for it: "Bierdeckel", which translates literally as "beer lid".[10]

9 *Morel, 2001, p. 50*
10 *Morel, 2001, p. 39*

Service | Service

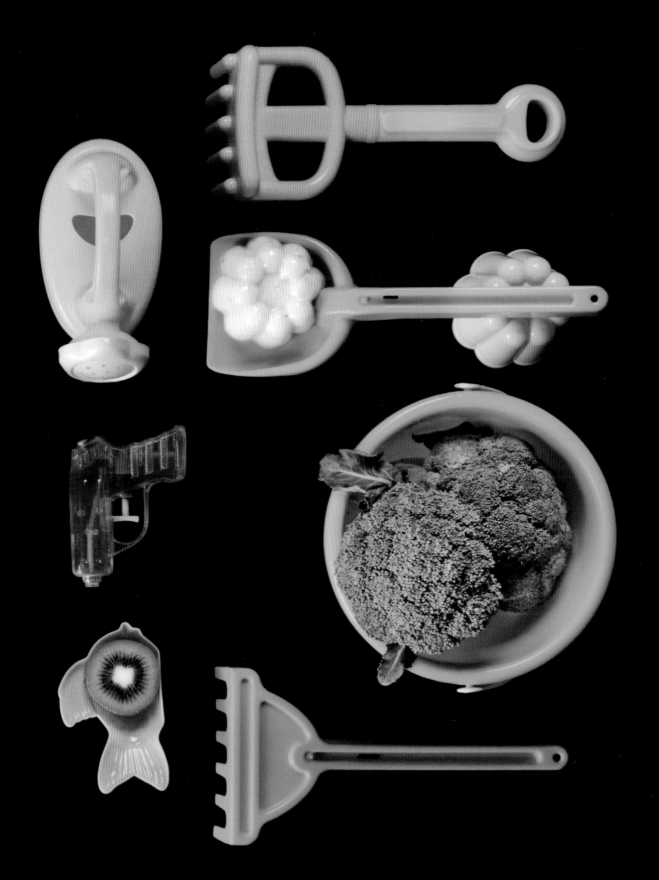

Service – Ordnungsprinzipen von Geschirrsets

Essenzieller Bestandteil jeder Haushaltsausstattung ist ein Service aus Porzellan, also ein in Form, Farbe und Gestaltung aufeinander abgestimmtes, mehrteiliges Essgeschirr. Die Einzelteile eines solchen Services sind oft penibelst auf sogenannten Hochzeitslisten angeführt. Ihre Zusammenstellung spiegelt das gesellschaftliche Verständnis davon wider, was zur Ausrichtung einer standesgemäßen Mahlzeit nötig ist.

¶ Die Idee des Geschirrsets in einheitlichem Dekor für 6 bis 12 Personen entstand im Zuge der Ästhetisierung des Essens im 18. Jahrhundert, als sämtliche Tischutensilien optisch aneinander angeglichen wurden. Eine derartige Serie von Porzellangerätschaften zu besitzen, war allerdings bis Mitte des 20. Jahrhunderts nur aristokratischen Kreisen vorbehalten. Bevor 1708 Johann Friedrich Böttger und Ehrenfried Walther von Tschirnhaus in Dresden das erste europäische Porzellan produzierten, galten die aus China importierten Speiseservice als so wertvoll, dass sie die Adelsfamilien stets mit sich führten. Wenn etwa die HabsburgerInnen zu einer Krönung nach Frankfurt reisten, dann stellten sie dort auf Stellagen ihr eigenes Geschirr aus.

¶ Das Diktat der stilistischen Einheit von Tellern, Tassen und Schüsseln hat sich als kulturelle Grundhaltung in unseren Köpfen festgesetzt. Basis des modernen Services ist das Hotelgeschirr TC 100, das der deutsche Designer Hans Roericht 1959 an der Ulmer Hochschule für Gestaltung entwarf. Roericht rückte Funktion und Gebrauchstauglichkeit in den Mittelpunkt der Gestaltung. TC 100 ist ein schlichtes, weißes Geschirr ohne Dekor und für den professionellen Einsatz in Hotelküchen, Kantinen und Selbstbedienungsrestaurants konzipiert. Es ist einfach zu produzieren, stapelbar, spülmaschinenfest und zweckorientiert. Die Unterseiten sind so geformt, dass sich beim Trocknen im Geschirrspüler keine Kuhlen bilden, in denen das Wasser stehen bleibt.

Service – Ordering Principles of Dish Sets

An essential part of every new household is a china service, in other words a set of porcelain dishes whose elements all match in form, color, and design. The individual pieces of such a dish set are often meticulously listed in so-called bridal registries, and the assembly of this list reflects society's agreement on what is required for hosting a dinner party befitting one's social standing.

¶ The idea of a set of matching dishes for six to twelve persons originated during the eighteenth century as part of the aestheticization of eating when people began creating visually harmonious table utensils. Prior to the mid-twentieth century, however, only the aristocracy could afford to own sets like these in porcelain. Until Johann Friedrich Böttger and Ehrenfried Walter von Tschirnhaus began producing the first European porcelain in Dresden in 1708, table services imported from China were considered so valuable that aristocratic families took theirs with them wherever they went. If the Habsburgs attended a coronation in Frankfurt, they took their porcelain with them and set it up on special multi-tiered display stands for all to admire.

¶ The dictate of stylistically matching plates, cups, and bowls has become entrenched in our minds as a basic cultural attitude. The prototype of our modern table service is TC 100, which was developed as a set of hotel dishes in 1959 at the HFG School of Design in Ulm by the German designer Hans Roericht. TC 100 is simple, white, patternless, and was conceived for professional application in hotel kitchens, cafeterias, and self-service restaurants.

Teeservice, Mitte des 19. Jahrhunderts, Sammlung: Bundesmobilienverwaltung Objektstandort: Silberkammer, Hofburg, Wien

Tea service, mid-nineteenth century, Collection: Bundesmobilienverwaltung Location: Court Silver and Table Room, Imperial Palace, Vienna

Foto: Edgar Knaack © Bundesmobilienverwaltung

*Services sind heute
mehrheitlich keine
Gebrauchsgegen-
stände, sondern
Sammlerobjekte,
deren Wert ähnlich
wie bei einem
Gemälde im Besitz
und nicht in der
Verwendung liegt.*

*Most table services
today are no longer
utility objects but
collector's items
whose value, as
with a painting,
lies in its possession
rather than its use.*

An den Schnäbeln der Kannen bleiben keine Tropfen hängen, die unschöne Ränder hinterlassen. Gegenüber früheren Geschirrsets, die sich aus bis zu 350 – teils rein dekorativen – Elementen zusammensetzten,[1] reduzierte Roericht den Umfang seines Services auf 30 Einzelteile. Sein Entwurf diente allen modernen Restaurantausstattungen bis hin zum typischen IKEA-Geschirr als Vorbild.[2]

¶ Der Anspruch der gestalterischen Einheit sämtlichen Equipments bei Tisch lebt heute in umfangreichen Geschirrkatalogen und Haushaltsausstattungen fort. Wir haben die Idee des Geschirrensembles zu jeweils 6 oder 12 Teilen so verinnerlicht, dass eine Störung dieser Vollständigkeit, etwa wenn etwas zu Bruch geht, uns schwer irritiert. Ja, sie kann sogar dazu führen, dass die übrigen Teile eines inkompletten Sets in unseren Augen so sehr an Wert verlieren, dass wir sie trotz voller Funktionstüchtigkeit entsorgen.

¶ Vollständigkeit spielt bei Services eine zentrale Rolle. Obwohl immer weniger zu Hause gekocht wird, sind die klassischen Hochzeitslisten nach wie vor sehr umfangreich. Auch wenn der Großteil dieser Werkzeuge selten oder nie benutzt wird, so sind ein vollständiger Bestecksatz und ein komplettes Service nach wie vor ein wichtiges Statussymbol. Sein Besitz gibt das gute Gefühl, der Haushalt sei »ordentlich«, sprich ordnungsgemäß ausgestattet. Tatsächlich wird aber eine Vielzahl von »toten« Gebrauchsgegenständen angeschafft, also Dinge, die zwar für eine bestimmte Funktion vorgesehen sind, dieser Funktion aber nicht zugeführt werden, weil sie den Geschirrkasten nie verlassen.

¶ Service sind heute mehrheitlich keine Gebrauchsgegenstände, sondern Sammlerobjekte, deren Wert ähnlich wie bei einem Gemälde im Besitz und nicht in der Verwendung liegt. Aus diesem Grund hat die Geschirrvitrine im Esszimmer heute genauso ihre Berechtigung wie bei den HabsburgerInnen.

It is easy to produce, stackable, dishwasher-safe, and purpose-oriented. The bottoms are flat rather than concave so no water remains after the dishwasher drying cycle. Moreover, drip-proof spouts don't leave ugly tea or coffee rings on the table(cloth). Compared to previous dish sets consisting of up to 350 – often purely decorative – elements,[1] Roericht pared his table service down to thirty individual pieces. All modern restaurant dishes and even the typical IKEA tableware are modeled after his design.[2]

¶ Our demand for matching dish sets lives on today in thick kitchenware catalogues and the way we appoint our homes. We have so utterly internalized the notion of the six- or twelve-piece dinner set that if one piece should break, it is nothing short of a disaster. In fact the rest of the set may even lose its value to such an extent that we will get rid of it despite the fact that it is still fully functional.

¶ Intactness plays an important role when it comes to dish sets. And although home cooking is on the decline, classic bridal registry lists continue to be very long. Even if many of the utensils are used only rarely or never at all, complete sets of silverware and dishes are still an important status symbol. Owning them gives us the satisfying feeling of having a "properly" appointed household, one that conforms to the rules, when in fact we are accumulating a multitude of "dead" utility items, things designed for a specific purpose but which won't ever serve that purpose because they never leave the cupboard.

¶ Most table services today are no longer utility objects but collector's items whose value, as with a painting, lies in its possession rather than its use. Thus, a china cabinet in the living room becomes as indispensable to us as it was to the Habsburgs in their day.

1   *Hürlimann, Reininghaus, 1996, p. 238*
2   *Morel, 2001, p. 187*

1   *Hürlimann, Reininghaus, 1996, S. 238*
2   *Morel, 2001, S. 187*

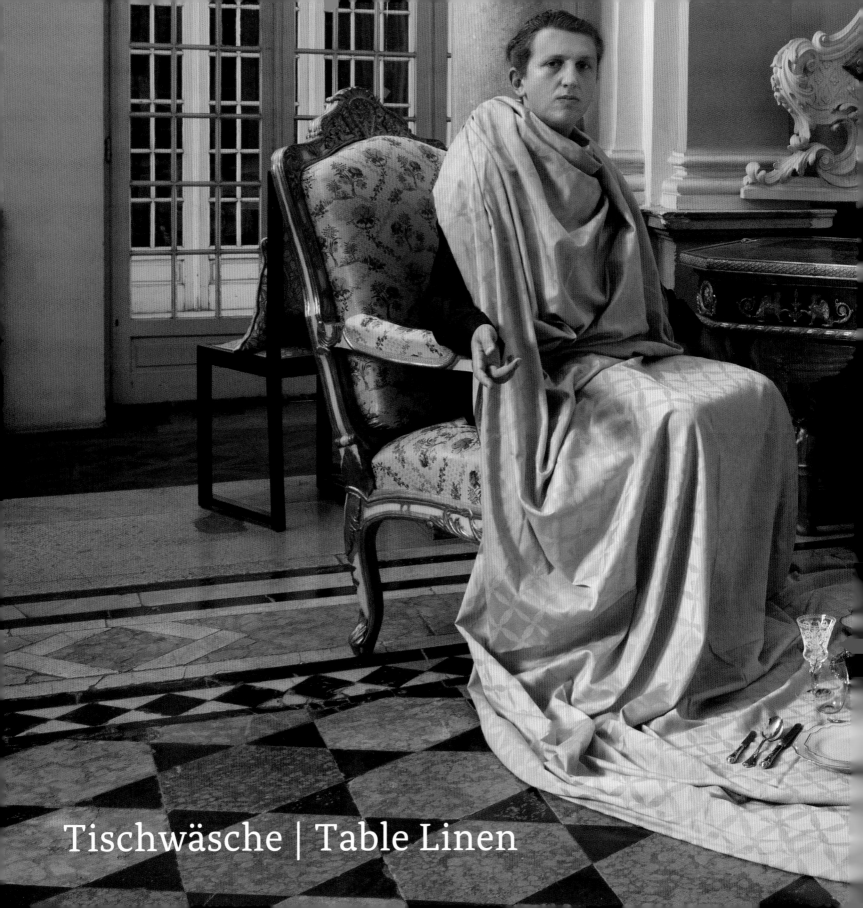

Tischwäsche | Table Linen

Tischtuch

Das Tischtuch ist – abgesehen von modernen Varianten aus Papier oder Kunststoff – eine textile Zwischenschicht, die zwischen Essen und Tisch geschoben wird. Während die Serviette zur Reinigung von Mund und Fingern klar funktionellen Ursprungs ist, erfüllt das Tischtuch vorwiegend dekorative Zwecke. Dennoch ist es deutlich älter als die zweite Ablage für Speisen, die wir heute benutzen, der Teller.

¶ Bereits im alten Rom legte man ein Tuch über den niedrigen, kleinen Tisch, ehe man das Essen servierte. In unseren Breiten waren Tischtücher zunächst lang und schmal, sie bedeckten nur jenen Teil in der Mitte der Tafel, auf dem die gefüllten Schüsseln platziert wurden. Erst im 15. Jahrhundert wurde der mittige Läufer durch einen »Tischteppich«, der den ganzen Tisch verhüllte, abgelöst.[1] Die Einführung dieser großen Tischdecken zog eine Verfeinerung der Tischsitten nach sich. Das Tischtuch erforderte eine kontrolliertere Handhabung der Speisen und die genauere Einhaltung der Tischregeln, denn nun bildete sich jeder Fehltritt sofort unschön auf der Unterlage ab. In den vergangenen Jahrzehnten entwickelte sich das Tischtuch in seiner Größe vielfach wieder zurück, und heute gibt es abermals häufig den überwiegenden Teil der Tischplatte frei. Vor allem in der (einfachen) Gastronomie kommt oft eine Minimalvariante des Tischtuchs in Form von Papiersets zum Einsatz.

1   Hürlimann, Reininghaus, 1996, S. 243

Vorige Seite | previous page:

Möbel | furniture: »Friedrich Otto Schmidt«; Tischwäsche | tablecloth: »Zur Schwäbischen Jungfrau«; Porzellan | porcelain: »Wiener Porzellanmanufaktur Augarten«; Glas | glassware: »J & L Lobmeyr«; Silber | silver: »Jarosinski & Vaugoin«

Tablecloth

Apart from modern variations made of paper or synthetic materials, the tablecloth is a textile layer inserted between the food and the table. Whereas the clear functional origin of the napkin is to wipe one's mouth and fingers, the tablecloth serves primarily decorative purposes. And yet it is considerably older than the second layer we place our food on: the plate.

¶ Already in antiquity the ancient Romans spread a cloth over their small, low dining table before serving a meal. In Central Europe the first tablecloths were long and narrow and only covered the central strip of table where the communal bowls were placed. It wasn't until the fifteenth century that this central "runner" was replaced by a "table carpet" that covered the entire surface.[1] The introduction of these large coverings was accompanied by more sophisticated table manners. The tablecloth called for more control when handling one's food and a more precise adherence to table rules, for now every false move left behind an unsightly stain. In recent decades the tablecloth has reverted to its originally much smaller size, often leaving most of the tabletop exposed. Especially in (simple) restaurants one can often find a pared-down version of the tablecloth in the form of a paper place mat.

1   Hürlimann, Reininghaus, 1996, p. 243

Die einzelnen Stücke der Tischwäsche waren in ihrer Funktion allerdings nicht immer so klar voneinander getrennt wie heute. Zeitweise übernahm das Tischtuch auch die Aufgaben der Serviette, des Handtuchs – und sogar des Taschentuchs. Noch 1530 tadelte Erasmus von Rotterdam in einer »Tischzucht« all jene, die sich die schmutzigen Finger nach dem Essen in der Kleidung abwischten. Er empfahl, stattdessen das Tischtuch oder die Serviette zu benutzen.[2] Und bis ins 17. Jahrhundert wiesen Anstandsregeln ausdrücklich darauf hin, dass es unschicklich sei, sich ins Tischtuch zu schnäuzen – was vermuten lässt, dass diese Unsitte damals recht verbreitet war.[3]

Heute erfüllen Tischtücher beim Essen keine praktische Funktion zur Reinigung von Fingern, Messer, Mund und Nase mehr. Ganz im Gegenteil: wenn man von einer möglichst effizienten Kalorienaufnahme ausgeht, sind sie eigentlich unzweckmäßig, denn sie erzwingen ein langsameres und behutsameres Essen, um selbige nicht zu beschmutzen. Zudem müssen sie, obwohl sie zur Nahrungsaufnahme nicht zwingend notwendig sind, angeschafft, bestickt, gewaschen und gebügelt werden. Und so überrascht es nicht, dass Tischdecken immer schon wichtige Repräsentationsgegenstände waren, die in einfachen Haushalten nur zu besonderen Anlässen auf den Tisch kamen.[4] Tafeltücher waren Ausdruck einer gehobenen Tischkultur und ein wesentlicher Teil der Aussteuer. Der Reichtum eines Haushaltes zeigte sich auch im Besitz vielfältiger und wertvoller Tischwäsche. Wer bei Tisch protzen wollte, ließ nicht nur ein, sondern möglichst viele, verschieden gestaltete Tücher über den Tisch breiten.[5] Nach jedem Gang wurde dann eines davon mitsamt den Essensresten und dem schmutzigen Geschirr entfernt.

Unlike today, however, the individual pieces of table linen were not as clearly distinguishable from one another in the past: Sometimes the tablecloth assumed the role of the napkin, the towel, and even the handkerchief. Around 1530 Erasmus of Rotterdam reproached those who after a meal wiped their greasy fingers on their clothes. In his book of etiquette he suggested it was better to use the tablecloth or the napkin.[2] And even in the seventeenth century, rules of civility expressly pointed out that it was unbecoming to blow one's nose in the tablecloth – which leads us to assume that at the time this bad habit was quite widespread.[3]

Today tablecloths no longer serve any practical purpose – one cannot wipe one's fingers, knife, mouth, or nose on them. On the contrary, they are quite impractical from the perspective of efficient calorie intake because tablecloths make us eat slowly and carefully to keep from dirtying them. Moreover, one must acquire, embroider, wash, and iron them, and all despite the fact that they are not actually necessary for eating. Thus it comes as no surprise that tablecloths have always been important prestige objects, which in simple households were only brought out on special occasions.[4] Tablecloths represented upper-class table culture and made up a substantial part of the trousseau. The wealth of a household was also reflected in its possession of varied and valuable table linens. If you wanted to impress your guests at the table, you spread out not just one but as many tablecloths of varied design as possible.[5] After each course, the top one would be removed along with the leftover food and dirty dishes.

2   Morel, 2001, S. 23
3   Hürlimann, Reininghaus, 1996, S. 243
4   Morel, 2001, S. 22
5   Morel, 2001, S. 23

2   Morel, 2001, p. 23
3   Hürlimann, Reininghaus, 1996, p. 243
4   Morel, 2001, p. 22
5   Morel, 2001, p. 23

⁋ Aller anderen Utensilien beraubt, stellt das Tischtuch auch an ungewohnten Orten, sei es unterwegs, am Bahnhof, am Berg oder in der Fabrik, die Esssituation her. Über eine horizontale Fläche jeder Art gebreitet, macht es aus Arbeitstischen, einfachen Brettern oder umgedrehten Bierkisten einen Ort zur Nahrungsaufnahme. Es unterscheidet nicht nur physisch zwischen sauber und schmutzig, zwischen Essunterlage und Umgebung, sondern auch gedanklich zwischen Alltag und Nahrungsaufnahme, zwischen Arbeit und Pause, zwischen Bewegung und Ruhe. Beim Picknick ersetzt das Tischtuch den Tisch und übernimmt an seiner statt die Aufgabe, den Ort des Essens festzulegen. In früheren Jahrhunderten, als vor allem auf Jagden gepicknickt wurde, aßen in freier Natur nur der Herrscher oder die Herrscherin an einem eigens mitgeführten Tisch, während alle anderen mit einem Tuch auf dem Boden Vorlieb nehmen mussten.[6]

6   *Morel, 2001, S. 21*

⁋ Stripped of all other utensils, the tablecloth creates the eating situation – even in places where one doesn't ordinarily eat, whether on the go, at the train station, on a mountaintop, or at the factory. Spread out over a horizontal surface of any kind, it turns workbenches, simple boards, or upside-down beer cases into dining places. It not only draws a physical line between clean and dirty, between eating surface and surroundings, but also imposes a mental break between daily routine and mealtime, between work and respite, between movement and rest. On a picnic the tablecloth takes the place of the table and assumes the latter's task of defining the dining place. In former centuries, when picnics were mostly associated with hunting expeditions, only the sovereign ate at a table, which was brought along for the purpose. Everyone else had to settle for a tablecloth spread on the ground.[6]

6   *Morel, 2001, p. 21*

Serviette

Neben dem Tischtuch sind Servietten das einzig textile Werkzeug bei Tisch. Da man von der Steinzeit über die Antike bis ins Mittelalter mit den Fingern aß, erstaunt es nicht, dass sie zu den ältesten Tischutensilien überhaupt zählen. Mit sogenannten »mappae« säuberte man schon in der Antike seine schmutzigen Finger, und man benutzte sie beim Waschen der Hände vor, während und nach der Mahlzeit als Handtuch. (Mit Wasser gefüllte Fingerschalen zum Reinigen standen ständig bereit.) Im alten Rom kannte man zwei Varianten von Servietten: ein 50 mal 50 Zentimeter großes Stück Stoff, das man über das Speisesofa breitete, um es vor Flecken zu schützen, und ein kleineres Mundtuch, das man in der linken Hand hielt. Außerdem diente die Serviette als Verpackung für Lunchpakete: Am Ende einer Abendeinladung schlugen die Gäste Überbleibsel und Gastgeschenke gerne in eigens dafür mitgebrachte Servietten ein und nahmen sie mit nach Hause.[7]

❡ Mit dem Untergang der römischen Kultur geriet die Sitte des Reinigungstuchs bei Tisch in Vergessenheit. Im Mittelalter säuberte man die Finger in der Tischdecke oder an der Kleidung. Die Tischwäsche beschränkte sich damit oft auf das Handtuch, das beim »Gießfasskensterlein«, einer Waschgelegenheit direkt in der Stube, bereitlag. Erst gegen Ende des Mittelalters tauchten Servietten wieder vermehrt auf – allerdings nicht zum Essen, sondern zum Servieren. Das Bedienungspersonal trug sie über Arm oder Schulter und benutzte sie, um heiße Töpfe zu transportieren oder den Gästen vor dem Essen die Teller abzuwischen, weswegen man sie auch als »Tellertuch« bezeichnete. Diese Servietten waren Arbeitsgeräte, deren Größe jener eines heutigen Handtuchs entsprach. Erst im Barock wurde das Format der Serviette reduziert.[8]

7   Enzinger, in: Kolmer HG, 2008, S. 22
8   Morel, 2001, S. 26

Napkin

Besides the tablecloth, napkins are the only other textile equipment used at the table. From the Stone Age to antiquity to the Middle Ages people ate with their fingers, so it is not surprising that napkins are among the oldest eating implements of all. In antiquity people wiped their greasy fingers on so-called "mappae" and also used these as towels when rinsing their hands in finger bowls before, during, and after the meal. In ancient Rome there were two kinds of napkins: a large 50-by-50-centimeter piece of fabric, which was spread out over the dining couch to catch spills, and a smaller "mouth-cloth", which was held in one's left hand. In addition, the napkin served as a kind of doggie bag: At the end of a dinner party, guests wrapped up leftovers and small gifts and took them home with them.[7]

❡ With the decline of Roman culture the custom of using a napkin at the table was soon forgotten. In the Middle Ages people wiped their hands on the tablecloth or on their own clothes. Table linens were often nothing more than the towel provided at the washstand near the table. It wasn't until the late Middle Ages that napkins once again began appearing – not for use at the table, but for serving. Servants draped them over an arm or a shoulder and used them to carry hot pots or to wipe the guest's plate before the meal. These napkins were roughly the size of modern hand towels and their format didn't become smaller until the Baroque period.[8]

7   Katharina Enzinger, in: Kolmer HG, 2008, p. 22
8   Morel, 2001, p. 26

Neben dem Schutz der Kleidung dient die Serviette dem Abtupfen der Lippen. Sie um den Hals zu binden, ist unschicklich und nach Vollendung des dritten Lebensjahres nur beim Verzehr von Spezialgerichten wie Hummer geduldet.

Besides protecting skirts and pants, the napkin is used to dab one's lips. It is inappropriate to tie it around one's neck, and for anyone over three years of age such a practice would only be tolerated for special dishes such as lobster.

Aktion | Intervention by Marije Vogelzang Foto: Kenji Masuna

Im 16. Jahrhundert besann sich der europäische Adel wieder der antiken »mappa« und erfand die Serviette sozusagen zum zweiten Mal. Nun wurde die »kleine Dienerin«[9], wie die Serviette wörtlich heißt, zum fixen Bestandteil des höfischen Gedecks, und sie diente wie in unseren Tagen als Mundtuch und zum Schutz der Kleidung. Allerdings platzierte man sie zunächst nicht, wie heute üblich, auf den Knien. Genauso wie das Personal trugen die noblen Damen und Herren auch bei Tisch die Serviette vorerst auf der Schulter oder dem Arm, was Erasmus von Rotterdam in seinen Tischregeln auch ausdrücklich so empfahl.[10] Hundert Jahre später steckten die Herren die Serviette im Knopfloch fest, die Damen fixierten sie mit einer Nadel am Ausschnitt des Kleides. Noch auf Darstellungen des Hochzeitsbanketts der römisch-deutschen Kaiserin Maria Theresia 1736 halten nur einige Gäste die Servietten auf dem Schoß, während sie andere als Lätzchen umgebunden tragen.[11]

In the sixteenth century, the European aristocracy recalled the mappae of classical antiquity and re-invented the napkin, or serviette as it is sometimes called. The "little servant" – which is the literal translation of serviette[9] – became a permanent part of the place setting at court, where it served – as it does today – to wipe one's mouth and protect one's clothing. In those days, however, it wasn't customary to place it on one's knee. Like their servants, noble ladies and gentlemen draped their serviettes over a shoulder or an arm, which Erasmus of Rotterdam also expressly recommended in his rules of etiquette.[10] A century later gentlemen had taken to fastening their napkins in a buttonhole; ladies, to attaching theirs to the neckline of their dresses with a pin. In depictions of the 1736 wedding banquet of the Holy Roman Empress Maria Theresa only some of her guests have their napkins on their laps, while the rest wear them around their necks like bibs.[11]

---

9 lat. »servus« Sklave
10 Enzinger, in: Kolmer HG, 2008, S. 41
11 Eine neuerliche Veränderung erfuhr die Serviette, als die Gabel aufkam, denn die Finger blieben beim Essen jetzt mehr oder weniger sauber. Dadurch kam die Serviette weniger zum Einsatz und konnte – natürlich von derselben Person – wiederverwendet werden, was zur Geburt eines neuen Gegenstandes führte: des Serviettenrings. Er avancierte im Laufe der Zeit zum Inbegriff für Kontinuität und Geborgenheit, denn wo ein Serviettenring mit dem eigenen Namen aufbewahrt wird, dort fühlt man sich zu Hause. (Morel, 2001, S. 26 u. S. 176)

9 "servus" means slave in Latin
10 Enzinger, in: Kolmer HG, 2008, p. 41
11 When fork use became widespread, the napkin underwent a new change because from then on one's fingers stayed relatively clean. The napkin wasn't needed as much and could be reused — of course by the same person — which led to the birth of a new object: the napkin ring. Over time it came to epitomize continuity and a sense of belonging because a place with a napkin ring engraved with your name is a place where you are likely to feel at home. (Morel, 2001, p. 26 and p. 176)

¶ Neben dem Silberbesteck und dem handbemalten Porzellanservice waren Leinen- oder Damastservietten nun ein unverzichtbarer Bestandteil jeder feierlichen Mahlzeit und damit des Familienbesitzes. Sie wurden mit Monogrammen bestickt und mussten blitzsauber, makellos gebügelt und gestärkt auf den Tisch kommen. Das Herstellen von Lilien, Sternen, Schwänen oder Seerosen aus gefalteten Servietten entwickelte sich zu einer eigenen Kunstform, die ein maßgebliches Element der Tischdekoration bildete. Beherrschte die Hausfrau selbst diese Fertigkeit nicht, so musste zumindest eine der Angestellten über das nötige Know-how verfügen. Liebevoll dem Anlass entsprechendes, sogenanntes »Brechen« der Servietten galt nämlich als unerlässliche Aufmerksamkeit der Einladenden gegenüber den Gästen.[12] Am Hof der Habsburger kümmerten sich eigene Dienstbotinnen, die sogenannten Weißzeugfrauen, um Pflege und Bereitstellung der Tischwäsche, deren strahlend weiße Farbe von jeher als Markenzeichen eines gut geführten Haushalts galt.[13] Die sogenannte Kaiserfaltung, die seit der zweiten Hälfte des 19. Jahrhunderts an großen Tafeln – heute bei Staatsbanketten – Verwendung findet, wird von der zuständigen Wiener Hofsilber- und Tafelkammer nach wie vor wie ein Staatsgeheimnis gehütet. Die dafür nötige spezielle Falttechnik steht in der Tradition einer alten »Faltfamilie« und ermöglicht das Einlegen von kleinen Gebäckstücken. Sie ist nur zwei Mitarbeiterinnen der Silberkammer bekannt und wird im Fall einer Pensionierung an die jeweilige Nachfolgerin weitergegeben.

12   Morel, 2001, S. 175
13   Enzinger, in: Kolmer HG, 2008, S. 42

¶ In addition to the silverware and the hand-painted porcelain service, linen or damask napkins became an indispensable part of every festive meal and thus also a part of the "family silver". They were embroidered with monograms, and whenever they graced the table, they always had to be spotless, flawless, ironed, and starched. Folding napkins into lilies, stars, swans, or water lilies developed into a new art form and became an important element in table decoration. If a housewife didn't have the skills herself, at least one of her servants had to know how to do it. Napkins folded to match the occasion were an important gesture of thoughtfulness on the part of the hostess toward her guests.[12] Spotless white linen had always been the mark of a well-run household.[13] At the Habsburg court, special servants – the court laundresses – were responsible for having table linen ready at all times. The so-called imperial fold, which has been used since the second half of the nineteenth century at grand banquets – today at state dinners – is still guarded within the walls of the Viennese Court Silver and Table Room as a "national secret". The special folding technique belongs to an old family of folds and features pockets into which small dinner rolls can be tucked. Only two employees at the Court Silver Room know how to perform this fold, and if one should retire, she only passes this knowledge on to her successor.

12   Morel, 2001, p. 175
13   Enzinger, in: Kolmer HG, 2008, p. 42

¶ Neben dem Schutz von Rock und Hose dient die Serviette heutzutage nur noch dem Abtupfen der Lippen und nicht mehr dem vollflächigen Abwischen des Mundes. Sie um den Hals zu binden, ist unschicklich und nach Vollendung des dritten Lebensjahres nur noch beim Verzehr von Spezialgerichten wie Hummer geduldet. Die Serviette aus Stoff wird allerdings zusehends von ihrem billigen Pendant, der Wegwerfserviette aus Papier, verdrängt. Diese ist vermutlich ein Abkömmling des 1929 im deutschen Nürnberg patentierten Papiertaschentuchs aus reinem Zellstoff (»Tempo«). Ständig, überall und in Massen erhältlich, wird sie als Universaltuch zum Reinigen, zum Verpacken und als Isoliermaterial für heiße Würstchen, tropfende Hamburger oder fettige Donuts verwendet. Die Papierserviette veränderte das Essverhalten entscheidend, denn im Grunde ermöglichte erst sie die Umsetzung von Take-away- und Fast-Food-Konzepten. Ohne ständig ein solches Zellstofftuch zur Hand zu haben, wäre der Verzehr von Pizzaschnitten im Auto oder Sandwiches im Büro wohl kaum denkbar.

¶ These days, besides protecting skirts and pants, the napkin is only used to dab one's lips and no longer to wipe one's whole mouth. It is inappropriate to tie it around one's neck, and for anyone over three years of age such a practice would only be tolerated for special dishes such as lobster. But the cloth napkin is increasingly being supplanted by its cheap counterpart, the paper napkin, which is presumably a descendant of the Tempo-brand tissues made of wood pulp and patented in 1929 in Nuremberg, Germany. All around us and readily available, this universal article is used for cleaning, wrapping, and handling hot dogs, dripping hamburgers, or greasy donuts. The paper napkin has drastically changed our eating habits because without it take-out and fast food would be unthinkable. Without an absorbent paper napkin within reach at all times it would be hard to imagine gobbling a slice of pizza in the car or munching sandwiches at the office.

Conclusio | Conclusion

Conclusio – Essgeräte als Kontrollwerkzeuge

Auch wenn so gut wie alle Kulturen zum Essen bestimmte Gerätschaften gebrauchen, so unterscheiden sich diese – seien es nun Messer, Gabeln, Stäbchen, Verpackungen, Gläser, Schalen, Servietten, Blätter oder andere Hilfsmittel – je nach Zeit(alter) und Region stark. Essinstrumente sind alles andere als selbstverständlich. Man kann auch ganz anders essen, und das nicht unbedingt unästhetischer, unpraktischer oder unmoralischer.

Speisewerkzeuge sind nicht primär funktionell und erleichtern das Essen nur beschränkt. Der Gebrauch von Besteck ist schwierig zu erlernen und bei etlichen Gerichten wenig praktikabel.

Eating instruments are not primarily functional and only facilitate eating to a certain extent. Learning how to use a knife and fork is difficult, and utensils can be quite impractical when eating any number of dishes.

¶ Speisewerkzeuge sind nicht primär funktionell und erleichtern das Essen nur beschränkt. Der Gebrauch von Besteck ist schwierig zu erlernen und bei etlichen Gerichten wenig praktikabel. Gabel und Löffel müssen umständlich in den Mund gedreht werden. Zudem gehen der unmittelbare Kontakt zum Essen und ein Gutteil seines haptischen Genusses verloren. Das Grundmaterial Metall verändert den Geschmack der Speisen, und der Tastsinn kommt im Vergleich zum Essen mit den Fingern zu kurz.

¶ Vor allem die europäischen Speisewerkzeuge sind in der Anschaffung kostspielig und aufwendig hinsichtlich Herstellung, Nutzung und Pflege. Ihr Gebrauch hat sich aus Konventionen heraus entwickelt und verfolgt weitaus mehr als rein praktische Ziele. Tischinstrumente unterstützen die Triebkontrolle beim Essen, indem sie leibliche Begierden, wie hemmungsloses In-sich-Hineinschlingen oder mit bloßen Fingern in Breien, Puddings oder Torten herumzumantschen, unterbinden. Essgeräte schaffen räumliche und zeitliche Distanz zur Nahrung. Sie sind Kontrollwerkzeuge, die helfen, den eigenen Körper in Schach zu halten. Sie versinnbildlichen die Willensstärke des Geistes – in Form der Esskultur – über das körperliche Verlangen.

¶ Dinge, die wir zum Essen verwenden, steuern unser Essverhalten. Sie bedingen, was wir essen und wie viel wir essen. Sie beeinflussen, welche anderen Geräte wir verwenden und wie diese beschaffen sind, und sie steuern unser Verhalten bei Tisch.

Conclusion – Eating Tools as Controlling Instruments

Although they are used by nearly all cultures, eating tools – whether they be knives, forks, chopsticks, packaging, glasses, bowls, napkins, leaves, or other implements – differ markedly from age to age and from region to region. We take our eating utensils for granted and hardly pay them any mind, but maybe we should. We certainly do not have to eat the way we do, and it wouldn't necessarily be less aesthetic, less practical, or less moral if we didn't.

¶ Eating instruments are not primarily functional and only facilitate eating to a certain extent. Learning how to use a knife and fork is difficult, and utensils can be quite impractical when eating any number of dishes. A fork or spoon needs to be turned awkwardly to reach one's mouth. By using table implements, our direct contact with our food and a considerable amount of the haptic pleasure of eating is lost. Moreover, metal changes the taste of food.

¶ Above all, European eating utensils demand a high initial investment and are complicated to produce, utilize, and care for. Their use is governed by conventions and is by no means always practical. Table implements help control basic instincts during the meal by suppressing physical desires such as unrestrained gorging or grabbing handfuls of gruel, pudding, or cakes. Eating tools create spatial and temporal distance between us and our food. They are controlling instruments that help us hold our own bodies in check. They symbolize the willpower of the mind – in the form of our eating culture – over our carnal appetites.

¶ The objects we use for eating also control our eating behavior. They determine what we eat and how much of it we eat. They influence which other tools we use as well as their forms, and they govern our behavior at the table.

Werkzeuge verändern den Speisezettel

Menschen, die unterschiedliche Essgeräte benutzen, essen auch andere Gerichte. Löffel, Gabel, Stäbchen oder Finger wirken sich auf die Rezepturen aus, indem sie entsprechend zubereitete Speisen bedingen. Kulturen, die ohne Messer essen, sind darauf angewiesen, dass der Koch oder die Köchin bereits in der Küche alle Zutaten auf ein mundgerechtes Format bringt. Steaks oder Schnitzel lassen sich ohne Schneidewerkzeug bei Tisch schlecht verzehren. Selbst in ostasiatischen Ländern, die mit Stäbchen über eine ausgefeilte Esstechnik verfügen, etablierte sich aus diesem Grund für aus dem Westen importierte Speisen das Essen mit Messer und Gabel.[1]

¶ Indirekt beeinflussen die Esswerkzeuge den Geschmack des Essens. Kleingewürfeltes schmeckt anders als im Ganzen Gebratenes. Zudem vermischen sich die Bestandteile eines Gerichts in Essschüsseln und tiefen Tellern schnell, Saucen durchtränken alles Darunterliegende. Die Geschmackseinheit aller Zutaten ist bei Curries oder Pasta durchaus erwünscht. Sollen sich die Elemente nicht auf der Speiseunterlage, sondern erst im Magen treffen, so muss diese möglichst flach und groß sein. Knusprig gebackene Fleischstücke (mit oder ohne Panier) werden dementsprechend auf ebenen Tellern serviert, damit sie sich an Beilagen wie sämig marinierten Salaten nicht aufweichen – ein Anspruch, der in Form von mehrteiligen Kantinentellern auch eine dezidierte gestalterische Antwort gefunden hat.

1   Paczensky, Dünnebier, 1999, S. 319

Tools Determine What We Eat

People who use different eating utensils also eat different foods. Spoons, forks, chopsticks, or fingers influence the finished dishes in that they require the food to be prepared in certain ways. Cultures that don't use knives at the table rely on the cook to reduce their food to bite-sized pieces in the kitchen. Steaks or cutlets are difficult to eat without a knife. For this reason it has become common in East Asian countries, where people have developed a sophisticated technique of eating with chopsticks, to use a knife and fork when eating Western dishes.[1]

¶ Table utensils indirectly influence the taste of what we eat. A food that has been cubed before it goes into the pan tastes different than if it is fried whole. Furthermore, the parts of a dish blend quickly in eating bowls – whatever goes in first soaks up the juices of whatever is served on top it. The uniformity of the flavor of all the ingredients in curries or pasta is intentional and desired. If the elements aren't supposed to mix until they get to your stomach, the dish they are eaten from should be as large and flat as possible. Crispy, fried meat is served on plates to keep it separate from side dishes like salads whose dressings could turn them soggy – a challenge that has found a solution in the clear design of the compartmentalized cafeteria plate.

1   Paczensky, Dünnebier, 1999, p. 319

Indirekt beeinflussen die Tischutensilien den Geschmack des Essens.

Table utensils indirectly influence the taste of what we eat.

Werkzeuge beeinflussen die Menge des Gegessenen

Werkzeuge beeinflussen nicht nur, was wir essen, sondern auch wie viel. Die Größe des Löffels beispielsweise wirkt sich auf die Menge des Gegessenen aus: Je größer das Werkzeug, desto schneller und desto mehr isst man damit. Essen mit Stäbchen dagegen hält schlank. Der amerikanische Ernährungswissenschaftler Brian Wansink stellte in einer Studie[2] fest, dass Nicht-AsiatInnen mit Stäbchen deutlich mehr Zeit benötigen, um die gleiche Kalorienmenge in den Körper zu befördern, als mit Messer und Gabel. Durch das langsamere Essen stellt sich das Sättigungsgefühl früher ein, und die Gefahr, sich zu überessen, sinkt. Essen mit Stäbchen ist für Kulturfremde mühsam und wird daher auch als Strategie eingesetzt, um abzunehmen.[3]

¶ Ähnliche Phänomene beobachtete Wansink auch bei anderen Essgeräten, beispielsweise bei Gläsern. Aufgrund unserer optischen Prägung auf vertikale Strukturen wirkt die gleiche Menge Flüssigkeit in einem hohen schmalen Glas wesentlich mehr als in einem breiten, niedrigen.[4]

2   Brian Wansink und Collin R. Payne, The Cues and
    the Correlates of Overeating at the Chinese Buffet,
    Cornell University Food and Brand Lab
3   Wansink, 2008, S. 76
4   Wansink, 2008, S. 59f.

Tools Influence How Much We Eat

Tools not only influence what but also how much we eat. The size of the spoon, for example, affects the amount we end up eating; the bigger the utensil, the faster and thus the more we eat with it. In contrast, eating with chopsticks keeps you slim. In a study[2] the US nutritional scientist Brian Wansink determined that non-Asian subjects required significantly longer to put the same amount of calories into their bodies when using chopsticks than they did using a knife and fork. By eating more slowly, a sense of satiety sets in sooner, and the danger of overeating is reduced. Eating with chopsticks requires effort from people unaccustomed to using these implements and is thus employed as a weight-loss strategy.[3]

¶ Wansink observed similar phenomena in connection with other implements, for example drinking glasses. Due to visual conditioning that favors vertical structures the same amount of liquid in a tall, slender glass appears to be significantly greater than in a short, wide one. Thus we tend to pour more into short, wide tumblers than into tall, narrow high-ball glasses.[4]

2   Brian Wansink and Collin R. Payne, The Cues and
    the Correlates of Overeating at the Chinese Buffet,
    Cornell University Food and Brand Lab
3   Wansink, 2008, p. 76
4   Wansink, 2008, p. 59–60

¶ Gefäße dienen als Maßeinheit und Orientierungshilfe. Aus Erfahrung benutzen wir die üblichen Abmessungen von Gläsern und Tellern, um die Portionsgröße abzuschätzen. Es fällt uns leichter, von einem durchschnittlichen Teller die richtige Menge zu essen, als aus einem undefinierten Sack voll Kartoffelchips oder Gummibären. Auch die berüchtigten winzigen Portionen der Nouvelle Cuisine oder (scheinbar) riesige Bratenstücke in Wirtshäusern sind nicht selten eine Folge des Geschirrs, auf dem sie liegen. Von der Norm abweichende Durchmesser tricksen unsere Wahrnehmung aus. Je größer der Teller ist, desto kleiner wirkt das darauf platzierte Stück Fleisch. Nach dem Verzehr eines üppig beladenen Vorspeisentellers fühlt man sich gesättigter, als hätte man dieselbe Menge von einem riesigen Platzteller zu sich genommen – obwohl man beide Male gleich viel gegessen hat. Wansink sieht darin einen Faktor für die zunehmende Fettleibigkeit in den USA: Moderne Teller sind im Vergleich zu jenen unser Urgroßeltern deutlich größer, dadurch tendiert man dazu, mehr draufzuladen – und auch zu verzehren.[5]

5   *Wansink, 2008, S. 61–63*

¶ Receptacles serve as units of measure and orientation aids. Based on experience we use the common dimensions of glasses and plates to estimate portion size. It is easier for us to eat the right amount from an average-sized plate than from a bag of potato chips or candy. The notoriously small portions of nouvelle cuisine or the (seemingly) huge slabs of meat served in some restaurants are often illusions influenced by the dishes they are presented on. Plate diameter that deviates from the norm can fool our sense of perception. The larger the plate, the smaller the piece of meat on it appears. Eating a heaping portion from an appetizer plate leaves us feeling more sated than consuming the same amount of food from an oversized charger plate. Wansink sees this as one of the factors responsible for the rise in obesity in the United States: Modern plates are markedly larger than those of our great-grandparents, thus one tends to pile more food onto them – and to eat more too.[5]

5   *Wansink, 2008, p. 61–63*

Ein Werkzeug bedingt das andere

Messer und Gabel funktionieren bei Tisch nur in Kombination mit einer entsprechenden Schneideunterlage in Brusthöhe. Sie eignen sich dagegen wenig dazu, aus einer tiefen Schale oder einer gemeinsamen Schüssel in der Tischmitte zu essen. Tischgeräte bedingen einander. Nicht jedes Esswerkzeug lässt sich mit jeder Art von Speiseunterlage kombinieren. Es dauert lange, mit Stäbchen einzelne Reiskörner von einer flachen Platte zu picken. Kleine Schüsseln, die sich leicht mit einer Hand halten lassen, unterstützen die Essstäbchen dagegen perfekt dabei, Reis oder Gemüse in den Mund zu schaufeln.

Werkzeuge beeinflussen unser Verhalten

Speisewerkzeuge fungieren als Codes, die Informationen über den Rahmen, den Ablauf und die Gerichte einer Mahlzeit übermitteln. Ein großer Löffel rechts neben dem Gedeck verspricht Suppe. Liegt dasselbe Instrument in verkleinerter Form oberhalb des Tellers parallel zur Tischkante, deutet er auf eine süße Creme oder ein anderes, weiches Dessert hin. Ein Gedeck mit mehr als drei Speisewerkzeugen lässt ein Festmahl erahnen. Die Gegenstände funktionieren wie eine geheime Zeichensprache, die – den Eingeweihten – mitteilen, was sie gustatorisch, rituell und hierarchisch zu erwarten haben, und sie gibt ihnen Gelegenheit, ihr Verhalten der Situation anzupassen.

Speisewerkzeuge fungieren als Codes, die Informationen über den Rahmen, den Ablauf und die Gerichte einer Mahlzeit übermitteln.

Eating implements serve as codes that convey information about the setting, sequence, and courses of a meal.

Certain Tools Go Together

A knife and fork only work in combination with the corresponding dish placed in front of the eater. They are less suited for eating out of a deep bowl or a communal pot in the middle of the table. Certain table utensils correspond with others. Not every eating implement can be combined with every kind of dish. It takes a long time to eat rice grain by grain from a flat plate using chopsticks. Small bowls that can be held easily in one hand complement chopsticks perfectly, allowing the eater to push rice or vegetables directly into his or her mouth.

Tools Influence Our Behavior

Eating implements serve as codes that convey information about the setting, sequence, and courses of a meal. A large spoon to the right of the place setting suggests soup. A smaller version of the same utensil placed above the plate and parallel to the edge of the table signals a sweet custard or other soft dessert. A place setting with more than three pairs of eating tools promises a feast. These objects function as a secret code for insiders, providing culinary, ritual, and hierarchical cues about what to expect and giving one the opportunity to adjust one's behavior accordingly.

Essutensilien beeinflussen Gesten und Körperhaltung bei Tisch. Das aufrechte Sitzen mit gerade nach vorne gerichtetem Kopf, wie wir es heute praktizieren, wurde erst durch das individuelle Gedeck und Besteck mit entsprechend langen Stielen möglich. Heute gilt es als unhöflich und ungezogen, mit dem Gesicht direkt über dem Teller zu »hängen«, obwohl es bequemer und praktischer wäre. Die aufrechte Körperhaltung ist Ausdruck der Triebkontrolle beim Essen: Auch wenn der Hunger noch so groß ist, hält man Abstand zur Nahrung.

Speiseinstrumente und die Art, wie sie gebraucht werden, verändern den Sozialkontakt innerhalb der Gruppe. Werden Schüsseln, Messer, Löffel und Becher gemeinsam benutzt, entsteht automatisch ein reges verbales und körperliches Miteinander. Individuelles Besteck dagegen bedeutet zwar mehr Freiheit, Intimsphäre und Unabhängigkeit für den und die Einzelne, aber auch mehr Distanz zu den anderen. Gemeinsame Essgefäße erfordern Absprachen und Kompromisse, die wegfallen, sobald jeder und jede sein eigenes Speisegerät vor sich hat. Eine hochentwickelte Esskultur mit viel Equipment geht deshalb zwangsläufig mit dem Verlust von Kommunikation und Körperkontakt einher.[6]

6 Morel, 2001, S. 73

Eating implements influence gestures and poise at the table. Today's common posture of sitting with a straight back and head wouldn't be possible without individual place settings and cutlery with sufficiently long handles. It is considered impolite and a sign of bad manners to sit hunched over one's plate, though it might be more comfortable and practical. Sitting up straight communicates that the eater has his or her base instincts under control: No matter how hungry one is, one keeps one's distance from one's food.

Eating instruments and the way we use them determine our social exchange within the group. If, on the one hand, bowls, knives, spoons, and cups are shared, this automatically produces lively verbal and physical interaction between the diners. Individual cutlery, on the other hand, means more freedom and a greater sphere of privacy and independence for the individual but at the same time more distance between oneself and the other people at the table. Communal bowls demand communication and compromise, which become less relevant once each eater has his or her own eating implements. A highly sophisticated eating culture with plenty of equipment, therefore, by force of circumstances sacrifices communication and physical contact.[6]

6 Morel, 2001, p. 73

Möbel | Furniture

Möbel

Die Gestaltung der Esszimmereinrichtung legt die Körperhaltung fest, die Menschen bei der Nahrungsaufnahme einnehmen. Während man in manchen Teilen der Welt möglichst bequem auf Teppichen, Pölstern oder Sofas Platz nimmt, zwingt uns das europäische Duo aus Tisch und Stuhl dazu, Rumpf und Gliedmaßen in eine ungemütliche Position mit geradem Rücken und abgewinkelten Beinen zu bringen. In den meisten Kulturen bilden festgelegte Körperhaltungen einen wesentlichen Bestandteil des Essrituals. In Japan isst man traditionell auf Tatami-Matten am Boden, indem man mit gestrecktem Oberkörper auf den eigenen Fersen sitzt. Auch die Römer (und hier tatsächlich nur die Männer) lungerten auf ihren Speiseliegen, die sie sich jeweils zu dritt miteinander teilten, nicht irgendwie leger herum, sondern nahmen dazu eine fixe Pose ein: Sie wandten den Kopf dem Tisch zu, ließen die Füße über die Außenseite der Sofas hängen, stützten den linken Ellenbogen auf einen Polster und aßen mit der rechten Hand.

❡ Im Vergleich zum einfachen Hocken auf dem Boden schränken standardisierte Haltungen und entsprechende Sitzmöbel die persönliche Bewegungsfreiheit enorm ein. Wenn GastgeberInnen dazu auffordern, an einem Tisch Platz zu nehmen, so weisen sie ihren Gästen einen Gegenstand mit einer davorliegenden Ablagefläche zu, auf dem sie sich niederlassen können. Gleichzeitig engen sie die Handlungsfreiheit der Gäste enorm ein, indem sie sie an einem ganz bestimmten Ort »festhalten« und eigentlich daran hindern, in andere Räume der Wohnung vorzudringen.

Einrichtungsgegenstände definieren Orte und deren Funktion. Wo und wie man speist, ist primär eine Interpretation der vorgefundenen Ausstattung.

Furnishings define places and their functions. Where and how we dine is primarily an interpretation of the existing furnishings.

Furniture

Furnishings define places and their functions. Their design – whether in terms of form, proportion, size, or material – provides information about whether a room is intended for personal hygiene, sleeping, or eating. An approximately 90-by-180-centimeter surface "hovering" 72–75 centimeters above the floor and flanked by a number of roughly 40-by-40-centimeter horizontal boards on four legs signals a dining room to the Western observer. If several such groups of furniture are arranged in the same room, we assume we are in a restaurant. By comparison it's quite out of the question to eat in a room containing a 40-centimeter-high porcelain bowl attached to the wall. Where and how we dine is primarily an interpretation of the existing furnishings. Dining furniture doesn't necessarily have to be in completely enclosed spaces. It can be weatherproof and constructed from solid concrete or portable and made of lightweight steel tubing and stand in the middle of the city, along a beach, or in the mountains.

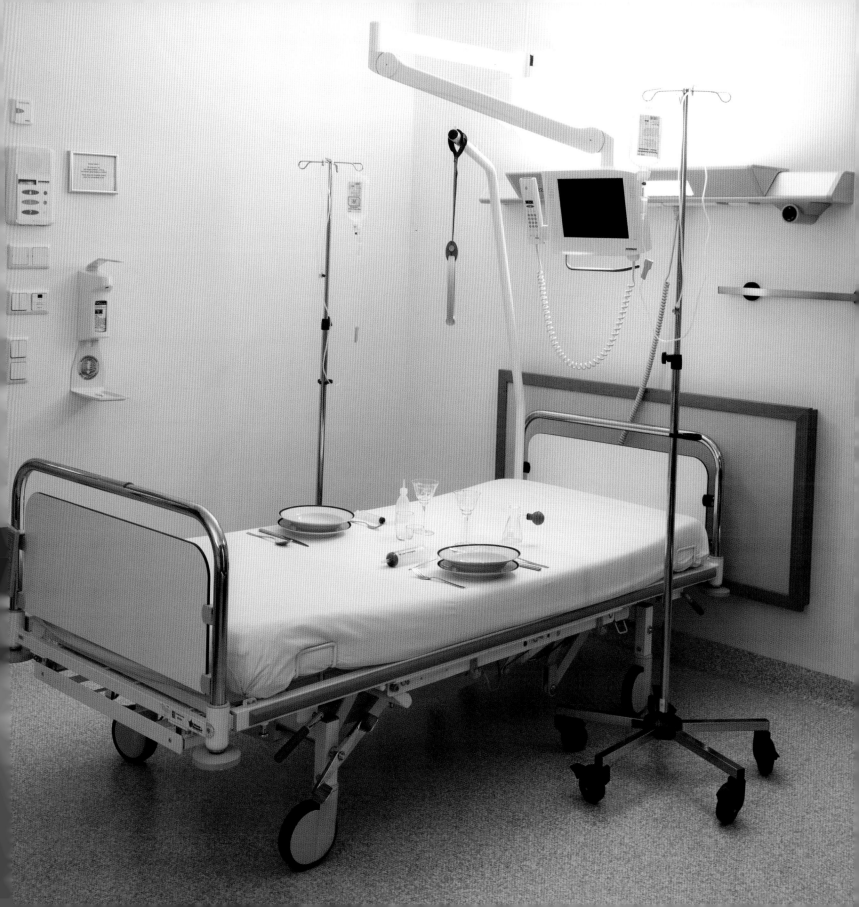

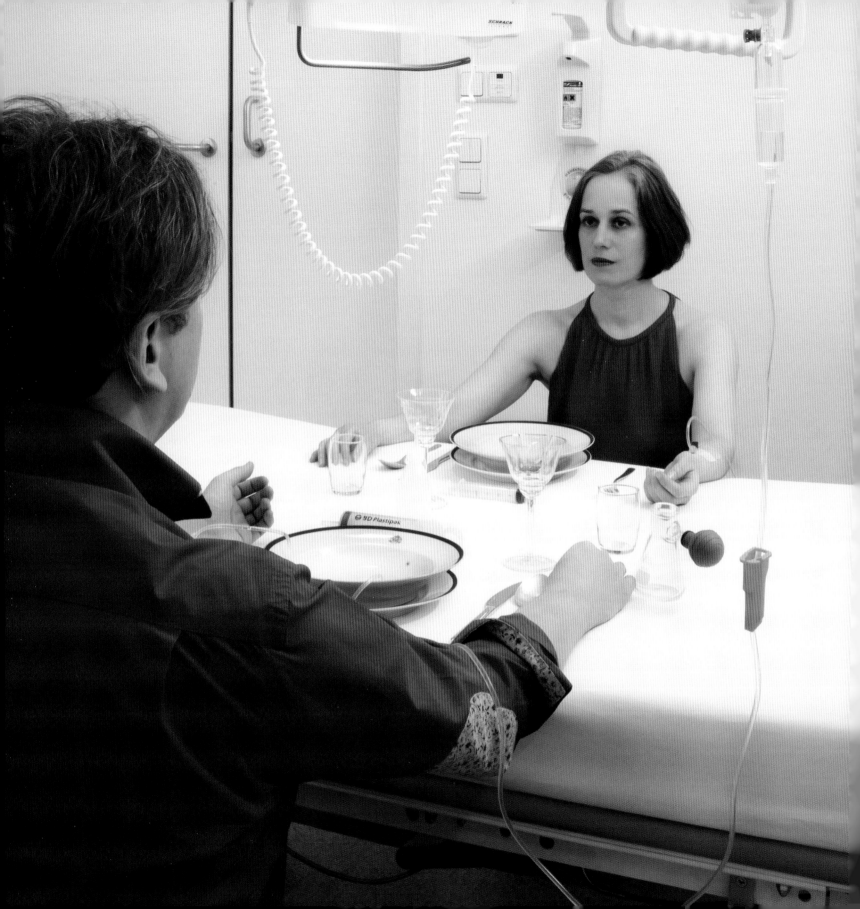

Möbel fixieren die Position von Individuen im Raum und damit innerhalb der Gruppe. Mit der Größe des Tisches und der Anzahl der Stühle bestimmt eine Tischgemeinschaft, wie viele Menschen teilnehmen können, und sie schließt andere von dieser Runde aus. Objekte wie Tische und Stühle schaffen Ordnung und legen hierarchische Strukturen offen. Sie arrangieren die Essenden für die Dauer einer Mahlzeit an einer vorbestimmten Stelle nach klar definierten Prinzipien.

Eine vom Boden abgehobene Platte und darum herum gruppierte Sitzgelegenheiten verwandeln jeden x-beliebigen Raum in einen Platz zur Nahrungsaufnahme. Einrichtungsgegenstände definieren Orte und deren Funktion. Ihre Gestaltung – Form, Proportion, Größe oder Material – liefert Informationen darüber, ob ein Zimmer zur Körperpflege, zum Schlafen oder zum Essen gedacht ist. Wenn eine zirka 90 mal 180 Zentimeter große Fläche 72–75 Zentimeter über dem Boden »schwebt« und von einer Serie von etwa 40 mal 40 Zentimeter großen waagrechten Brettchen auf vier Beinen flankiert wird, dann ortet man im Abendland ein Esszimmer. Stehen mehrere solcher Möbelsets in ein und demselben Raum, dann gehen wir davon aus, in einer Gaststätte zu sein. Ist dagegen eine 40 Zentimeter hohe, keramische Schüssel fix an der Wand montiert, wird die Möglichkeit, dort zu essen, kategorisch ausgeschlossen. Wo und wie man speist, ist primär eine Interpretation der vorgefundenen Ausstattung. Essmöbel müssen dabei nicht zwangsläufig in allseits umschlossenen Innenräumen angeordnet sein. Sie können auch wetterfest und aus solidem Beton oder transportabel und aus leichtem Stahlrohr im Stadtraum, entlang eines Strandes oder in den Bergen aufgestellt sein.

The design of dining room furnishings determines one's eating posture. Whereas in some parts of the world people settle down comfortably on carpets, cushions, or couches, the European table-and-chair duo forces the torso and limbs into an awkward position with one's back straight and knees bent. In most cultures, prescribed postures are an essential part of the eating ritual. In Japan one traditionally eats on low tables, kneeling on tatami mats in a position that consists of sitting on one's own heels. In ancient Rome the male half of the population used dining couches, each of which was shared by three men who "lounged" not casually but in a defined manner: Facing the table, one's feet hanging over the edge of the couch, the diner propped himself up on his left elbow and ate with his right hand.

Compared to simply squatting on the ground, standardized postures and their corresponding furniture greatly restrict personal freedom of movement at the table. When hosts or hostesses invite a guest to take a seat, they indicate an object with a flat surface intended for this purpose. At the same time they are completely limiting the guest's scope of action by "binding" him or her to a specific place and preventing the guest from exploring the rest of the apartment. The number of chairs and size of the table determine how many people can participate in a meal and exclude others from the circle. Objects like tables and chairs create order and reveal hierarchical structures. For the span of a meal they arrange the diners in predetermined positions and according to clearly defined principles.

Tisch | Table

Tisch

Im Laufe der Altsteinzeit begannen sich Menschen, wenn sie aßen, um das Feuer, auf dem die Speisen gegart wurden, zu gruppieren. Auf diese Weise entstanden Mahlgemeinschaften und das Prinzip, Nahrung nach gewissen Richtlinien um ein räumliches Zentrum herum zu verzehren. Heute nimmt der Esstisch jenen Platz als physischer und kultureller Mittelpunkt ein, den ursprünglich das Feuer innehatte, und später der Herd. Von der Kochstelle unter freiem Himmel vor mehr als einer Million Jahren bis zur horizontalen Platte auf vier Beinen sollte aber noch einige Zeit vergehen.

¶ Erste Tische wurden im alten Ägypten aus Stein gefertigt. Allerdings dienten sie nicht zum Essen, sondern als Präsentationsflächen für wertvolle Gegenstände, die nicht am Boden stehen sollten. Speisen und Getränke lud man auf größere Steinplatten, eine Art von Tablett, das man auf niedrigen Fußgestellen absetzte. Tische für die Nahrungsaufnahme entstanden erst in den antiken Mittelmeerkulturen. Sie waren aus Marmor, Holz oder Bronze, meist rund und im Vergleich zu heutigen Exemplaren klein und niedrig. So konnte man sie nach Gebrauch einfach unter das Speisesofa schieben und verschwinden lassen. Mit der Zeit vergrößerten sich die Tische, und sie wurden zunehmend rechteckig. Die RömerInnen benutzten längliche Tische mit halbrunden Stirnseiten, die sie »mensa lunata« nannten und je nach Bedarf ins Zimmer trugen.

Table

During the Paleolithic period, man began gathering around the cook fire to eat. This gave rise to meal-sharing groups and the principle of consuming one's food around a spatial center and according to certain guidelines. Today the dining table has assumed the role of the physical and cultural center that was originally the prehistoric fire beneath the open sky and later the hearth.

¶ The first tables were made of stone and built in ancient Egypt. They were not intended as dining tables but as presentation surfaces for objects too valuable to leave on the ground. Food and beverages were put on large stone slabs – like trays – and set on low-legged stands. Dining tables first appeared among the Mediterranean civilizations of antiquity. Made of marble, wood, or bronze, they were usually round as well as smaller and lower than today's models. In this way they could be pushed under the eating couch when not in use. By and by, tables became larger and rectangular in shape. The Romans used a large semi-circular table called "mensa lunata", which they only brought into the room when needed.

Unser heutiges Wort Tisch leitetet sich vom lateinischen Begriff »discus« (griech. »diskos«) ab, der eine Wurfscheibe, Platte oder flache Schüssel bezeichnete. Um 800 nach Christus entstanden daraus das englische Wort »dish« und das althochdeutsche »tisc« (Schüssel). Damit meinte man allerdings keine Tische im antiken oder im heutigen Sinn, sondern kleine hölzerne Platten, die im Bedarfsfall auf Gestellen vor einzelnen Personen platziert wurden. Diese Möbelstücke dienten gleichzeitig als Tisch, Tablett und Essschüssel. Tisch und Teller waren also ursprünglich eins und trennten sich als eigenständige Objekte mit unterschiedlichen Aufgaben erst mit der Verfeinerung der Tischsitten im späteren Mittelalter.[1] frühmittelalterlichen Teller-Tische waren rein funk-tionelle Gebrauchsgegenstände; Werkzeuge und Hilfsmittel eben, die von einzelnen Personen benutzt und dann wieder verstaut wurden. Eine übergeordnete Bedeutung als Symbol für Gemeinschaft oder Familie besaßen sie nicht.

Für größere Gesellschaften legte man Bretter oder Pfosten über Böcke und verwandelte so jeden x-beliebigen Raum flugs in ein Speisezimmer. Die Gäste nahmen oft noch auf dem Boden Platz: In seinem Parzival-Epos beschreibt Wolfram von Eschenbach im frühen 13. Jahrhundert lange, niedrige Tische, auf denen die Diener das Fleisch kniend vorschnitten.[2] Diese Möbel mussten allein schon aus Platzgründen flexibel sein, denn zu jener Zeit verfügten nur Klöster mit einem Refektorium über den Luxus eines eigenen Speisesaals. Nach dem Essen – wenn die Tafel im wahrsten Sinn des Wortes aufgehoben wurde – trug man die Platten mitsamt dem schmutzigen Geschirr und den Essensresten wieder hinaus.[3] Dieses Prozedere erfüllte auch eine soziale Funktion: Dienstboten oder Bedürftige aßen die Reste, die darauf noch übrig waren.

1 *Doch noch aus dem 18. und 19. Jahrhundert sind Bauerntische bekannt, in deren hölzerne Tischplatte tellerartige Vertiefungen geschnitzt waren, sodass der Tisch auch gleichzeitig als (Suppen-)Teller fungierte. (Morel, 2001, S. 17)*
2 *Enzinger, in: Kolmer HG, 2008, S. 24*
3 *Morel, 2001, S. 16*

The English word "table" derives from the Latin "tabula", which means board, plank, or flat slab. The modern German word for table, "Tisch", took a more circuitous route. The Old High German word "tisc" (bowl) derives from the Latin "discus" (Greek "diskos"), which referred to a quoit, dish, or platter and has the same root as the Old English word "disc" (plate, bowl, platter). Around 800 A.C. the meaning of the German word "tisc" had come to signify a small wooden platter, which was set on a stand and placed in front of an eater. Thus this piece of furniture served simultaneously as a table, tray, and eating bowl. Table and bowl were at this stage one and the same and only became distinct objects with separate tasks in the late Middle Ages as table manners became more sophisticated.[1] The early medieval bowl-tables were purely functional utility items: They were tools or implements used by individual persons and afterwards put away. They had no symbolic significance connoting community or family.

For larger groups of diners boards were placed on top of trestles, quickly transforming any room into a dining room. Guests often still sat on the floor: In his thirteenth-century romance Parzival, Wolfram von Eschenbach describes long, low tables before which the servants kneeled when slicing the meat.[2] The table was an improvised piece of furniture for lack of space. In those days only monasteries with refectories enjoyed the luxury of having a designated dining room. After meals, one literally "cleared the table" along with the dirty dishes and leftovers by carrying them out of the room.[3] This procedure also had a social function: Servants and the poor ate what remained.

1 *Surviving eighteenth- and nineteenth-century tables from peasant households have wooden tops with bowl-like depressions carved into their surfaces, so that the table itself also served as a (soup) dish. (Morel, 2001, p. 17)*
2 *Enzinger, in: Kolmer HG, 2008, p. 24*
3 *Morel, 2001, p. 16*

Der Tisch ist ein Objekt, um die Nahrung symbolisch zu erhöhen. Essen wird auf ihm als Sinnstiftung inszeniert und ideologisch instrumentalisiert.

The table also serves to symbolically exalt our food. Upon it, the meal is imbued with non-material meaning and is ideologically instrumentalized.

¶ Mit der Erfindung des Sägewerks Ende des 14. Jahrhunderts verbesserten sich die Bearbeitungsmöglichkeiten von Holz und werteten es als Rohstoff auf. Erst im 15. Jahrhundert, als sich Zimmereien zunehmend auf den Bau von Möbeln spezialisierten (und so zu Tischlereien wurden), entstand der Tisch als eigenständiges Möbel. Er war nun ein permanenter Bestandteil der Raumausstattung mit massiven, fest verzapften Einzelteilen. Formal ähnelten die Fußgestelle zwar noch den flexiblen Böcken, doch sie waren jetzt fix mit der Platte verbunden. Insgesamt gewann der Tisch an Gewicht und verlor gleichzeitig an Beweglichkeit.

Die Symbolik des Tisches

Tische sind zunächst keine besonderen oder bedeutenden Gegenstände, sondern es handelt sich einfach um eine horizontale Ablagefläche, die durch ein Gestell vom Boden abgehoben ist. Sie dient dazu, Gerichte und Getränke aufzunehmen, die so nicht mehr mit dem Boden, dem Schmutz und Staub in Berührung kommen. Der Tisch ist ein Hygienemöbel, ein gesundheitserhaltender Gegenstand. Die Idee, Essen auf einer streng geometrischen, hundertprozentig horizontalen Fläche nach bestimmten Ordnungsprinzipien anzurichten, beinhaltet aber mehr als das funktionale Konzept der Krankheitsvermeidung. Der Tisch ist ein Objekt, um die Nahrung symbolisch zu erhöhen. Essen wird auf ihm als sinnstiftende Tätigkeit inszeniert und ideologisch instrumentalisiert.

¶ In der jüdisch-christlichen Kultur ist der Tisch nicht nur ein Gebrauchsgegenstand, sondern ein Mittel, um Inhalte zu transportieren und gesellschaftliche Ordnungsprinzipien umzusetzen. In vielen Haushalten ist die regelmäßige Versammlung rings um den Tisch der Inbegriff eines guten und intakten Familienlebens. Als Einrichtungsobjekt stellt er gemeinsam mit den tagaus, tagein auf ihm vollzogenen Handlungen die Verbindung zu übergeordneten Werten wie Familie und Zusammengehörigkeit her.[4]

4 *Kaufmann, 2006, S. 209*

¶ The invention of the sawmill at the end of the fourteenth century improved woodworking methods and enhanced wood's value as a raw material. But it wasn't until the fifteenth century when carpenters began specializing in furniture building that the table emerged as a distinct piece of furniture. From now on, the table with its massive mortise and tenon joints was a permanent part of a room's furnishings. Formally, the tabletop still rested on supports resembling flexible trestles, only now all parts were permanently connected. Overall, the table became heavier and less portable.

Symbolism of the Table

Tables, to begin with, are not particularly special or meaningful objects but simply horizontal surfaces raised above the ground by supports. They are useful for holding food and beverages and keeping these away from dirt and off the ground. Tables are thus hygienic furniture items, health-sustaining objects. But the idea of arranging food on a strictly geometrical, absolutely horizontal surface according to specific ordering principles goes beyond the mere practical concept of preventing disease. The table also serves to symbolically exalt our food. Upon it, the meal is imbued with non-material meaning and is ideologically instrumentalized.

¶ In the Judeo-Christian culture, the table is not only a utility item but also a means by which content is conveyed and social principles of order implemented. In many households, to gather regularly around the table symbolizes good and intact family life. As a piece of furniture the table and the daily processes conducted upon it connect us to the higher values of family and sense of belonging.[4]

4 *Kaufmann, 2006, p. 209*

Die FrühchristInnen versammelten sich beim Abendmahl nach der römischen Speisetradition um einen niedrigen Tisch, auf dem sie Brot und Wein darbrachten und gemeinsam verzehrten.

Following the Roman dining tradition, early Christians gathered for their evening meal around a low table where bread and wine were offered and consumed together.

¶ Der französische Soziologe Jean-Claude Kaufmann geht davon aus, dass der heutige, knapp ein Meter hohe Esstisch ein Erbe des Opferaltars ist. Die Gaben wurden auf einer künstlich angelegten Fläche vom realen, von Menschen bewirtschafteten Boden entfernt und damit in ein rituelles Universum entrückt.[5] Die zunächst niedrigen Altäre, auf denen die Opfertiere geschlachtet und zubereitet wurden, gewannen im Laufe der Zeit immer mehr an Höhe, um die Speisen den Göttern und Göttinnen quasi »entgegenzuhieven« und sie dem Himmel möglichst nahe zu bringen. Da die geopferten Nahrungsmittel anschließend meist verzehrt wurden, übertrug sich die Inszenierung der Opferzeremonie allmählich auf jene des gemeinsamen Essens.[6]

¶ Die FrühchristInnen versammelten sich beim Abendmahl nach der römischen Speisetradition um einen niedrigen Tisch, auf dem sie Brot und Wein darbrachten und gemeinsam verzehrten. Aus diesem Möbel entwickelte sich – unter dem gestalterischen Einfluss antiker Vorbilder – der christliche Altar, der erst durch die Trennung von Klerus und Laien zu einem unberührbaren Objekt wurde. Von nun an symbolisierte der Altar den Speisetisch lediglich, wurde aber nicht mehr als solcher benutzt. Er stand nicht mehr im Zentrum der Gemeinde, sondern weit weg von den Gläubigen in der Apsis der Kirche. Das Abendmahl wurde nur noch rituell und ausschließlich vom Priester auf einer entfernten Mensa wie in einer Art Schauküche zelebriert.

5   *Kaufmann, 2006, S. 88*
6   *Kaufmann, 2006, S. 208*

¶ The French sociologist Jean Claude Kaufmann postulates that today's nearly one-meter-high dining table is a relict of the sacrificial altar. The offerings were placed on an artificially built surface removed from the real ground (the earth tilled by human hand) and in this way transported to a ritual universe.[5] The altar stones upon which the sacrificial animals were killed and prepared were gradually elevated in a gesture of raising the dishes toward the gods and closer to heaven. Over time, since the material offerings were usually consumed by people afterwards, the staging of the ritual was transferred to the shared meal.[6]

¶ Following the Roman dining tradition, early Christians gathered for their evening meal around a low table where bread and wine were offered and consumed together. Influenced in its design by models from antiquity, this piece of furniture developed into the Christian altar. Later, with the separation of clergy and and laity, the layman was no longer permitted to touch it, so that although the altar symbolized the dining table, it didn't serve this function anymore. No longer did it stand at the center of the congregation but far away in the apse. The Lord's Supper was celebrated as a ritual and only by the priest at a distant table as if in a kind of demonstration kitchen.

5   *Kaufmann, 2006, p.88*
6   *Kaufmann, 2006, p. 208*

¶ Im Alltag übernahm später der 75 Zentimeter hohe Esstisch die spirituelle Bedeutung der frühen Opferaltäre und die dazugehörige Gemeinschaftssymbolik. Wann und unter welchen Umständen der hohe Esstisch entstand, ist unklar. Die Antike kannte zwar mannshohe Altäre, aber nur niedrige Speisetische. Das neue Design mit längeren Beinen knüpfte an die ursprüngliche Aufgabe der heidnischen Opferstöcke an, die Speisen physisch und rituell zu erhöhen. Bis heute vollzieht sich am Tisch der identitätsstiftende Vorgang des gemeinsamen Essens, den der christliche Altar bereits vor Jahrhunderten eingebüßt hat. Er ist die Plattform für die Mahlzeiten, die den Tagesablauf der Gemeinschaft gliedern und diese in periodischen Abständen zusammenführen.[7] »Durch seine strukturierende Materialität erzeugt es (das Möbel »Tisch«) jedoch (täglich in der Familie wie in den Büros auf der ganzen Welt) soziale Formen, ohne dass dies den Akteuren bewusst wäre.«[8]

¶ Obwohl die symbolische Bedeutung des (hohen) Tisches aus der westlichen Tradition stammt, hat sie die Verhaltensweisen beim Essen auf der ganzen Welt nachhaltig geprägt. Im Zuge der Kolonialisierung entpuppte sich der Tisch als ebenso einfaches wie effizientes Mittel zum Zweck, wenn es darum ging, kulturelle Modelle von Bürokratie, Erziehung und Tischgemeinschaft global zu verankern. Der Tisch ist ein materieller Missionar der christlichen Lebensphilosophie. Auch in Kulturen, die ihr Essen traditionell an anderen Möbelstücken einnehmen, etwa in Japan, existieren heute vielfach hohe Tische, oft neben herkömmlichen niedrigen.[9]

7   Morel, 2001, S. 13
8   Kaufmann, 2006, S. 210
9   Kaufmann, 2006, S. 89 u. S. 210

¶ In everyday life the spiritual meanings of the earlier sacrificial altars and the associated symbolism of community were later assumed by the 75-centimeter-high dining table. It is not exactly clear when and under which circumstances the high dining table appeared. There were tall altars in antiquity, but dining tables were always low. The new design with long legs ties in with the original purpose of the pagan sacrificial altar: to raise food in a physical and ritual sense. To this day the table is where the identity-forging act of eating together takes place, a function the Christian altar lost centuries ago. The table is the platform for the meals that organize the daily activities of the community and bring members together at intervals.[7] "However, because of its structuring materiality it (the table) generates (daily) social forms (within the family as well as in offices all over the world) without the actors themselves realizing it."[8]

¶ Although the symbolic meaning of the (high) table originates in the Western tradition, it has had an enduring impact on eating behavior throughout the world. Colonial powers discovered that when it came to globally entrenching cultural models of bureaucracy, child rearing, and meal sharing, the table was a simple and efficient means to an end. The table is a material missionary of Christian philosophy. Today, even in cultures that traditionally use other pieces of furniture at mealtimes, high tables often coexist with their conventional lower counterparts in the same dwellings.[9]

7   Morel, 2001, p. 13
8   Kaufmann, 2006, p. 210
9   Kaufmann, 2006, p. 89 and p. 210

Stuhl | Chair

Stuhl

»Der Stuhl ist kein Hilfsmittel, um die Füße zu entlasten, sondern ein Werkzeug, das semiotische, leibliche und soziale Qualitäten formt. (...) Der Stuhl ist das Werkzeug zur Vervollkommnung des Menschen, die Sitzhaltung die rationale Form des Leibes.«[1]

Sitzen ist für Menschen eigentlich eine unnatürliche und künstliche Körperhaltung. Aufgrund seiner physischen Vorrausetzungen ist der Körper eher zum Hocken geeignet als dafür, Gesäß und Oberschenkel waagrecht auf einer erhöhten Holzfläche zu platzieren. Die Spezies Homo sapiens dürfte daher auch ziemlich lang mit der Idee, am Boden zu kauern, zufrieden gewesen sein: Bis in das alte Ägypten existierten keine Sitzmöbel. Erste Stühle, auf denen allerdings nur Pharaonen Platz nehmen durften, sind aus dem alten Königreich zwischen 2686 und 2134 vor Christus bekannt.[2] Der Löwenthron des Pharaos diente jedoch nicht als Körperstütze, sondern als rituelles Objekt, das den Herrscher sinnbildlich mit der uneingeschränkten, göttlichen Macht verband. Die Könige mussten darauf in einer starren Pose mit durchgestrecktem, keinesfalls angelehntem Rücken, ausharren. Die Funktion der Rückenlehne beschränkte sich auf den (symbolischen) Schutz vor Angriffen von hinten. Man kann davon ausgehen, dass den ägyptischen Königen das Hocken lieber gewesen wäre als das Sitzen. Dennoch begannen andere Privilegierte des Reiches allmählich, die aristokratische Körperhaltung zu imitieren. Wenngleich unbequem, so gewann das Sitzen als typische Pose der Privilegierten mit der Zeit an Popularität.[3]

Man kann davon ausgehen, dass den ägyptischen Königen das Hocken lieber gewesen wäre als das Sitzen. Dennoch begannen andere Privilegierte des Reiches allmählich, die aristokratische Körperhaltung zu imitieren.

1   *Eickhoff, 1993, S. 149*
2   *Miller, 2010, S. 11*
3   *Eickhoff, 1993, S. 28 u. S. 35*

Chair

"The chair is not a tool for taking the weight off one's feet but an instrument that forms semiotic, bodily, and social qualities. (...) The chair is the tool for perfecting man; one's posture in it, the rational form of the body."[1]

¶   When sitting, the human body assumes an unnatural and artificial posture. Based on its physical constitution, it is better suited for squatting than for horizontally aligning the hindquarters and thighs on a raised wooden surface. Thus for the longest time the Homo sapiens species must have been quite content with the idea of crouching on the ground: Furniture for sitting did not exist prior to ancient Egypt. The first chairs, upon which incidentally only pharaohs were allowed to sit, date back to the Old Kingdom between 2686 and 2134 B.C.[2] The pharaoh's lion throne, however, was not intended as a support upon which to rest the royal body but as a ritual object that symbolized the absolute divine power of the king. Pharaohs were expected to sit motionless with their backs straight for long periods of time and were under no circumstances allowed to lean against the backrest. The sole function of the backrest was to (symbolically) protect against attacks from behind. It is probably safe to say that the Egyptian kings would have preferred squatting to sitting, and yet by and by other privileged members of the kingdom began imitating the aristocratic posture. Although uncomfortable, sitting gradually gained popularity as the typical posture of the privileged class.[3]

It is probably safe to say that the Egyptian kings would have preferred squatting to sitting, and yet by and by other privileged members of the kingdom began imitating the aristocratic posture.

1   *Eickhoff, 1993, p. 149*
2   *Miller, 2010, p. 11*
3   *Eickhoff, 1993, p. 28 and p. 35*

¶ Im Laufe der Antike verdrängte das Sitzen auf einem Stück Holz nach und nach das Hocken auf dem Boden, und es setzte sich auch in anderen Bevölkerungsschichten durch. Der drei- oder vierbeinige Hocker wurde zum mediterranen Massenphänomen. Er erhöhte Kopf und Augen in der Ruhehaltung um etwa 40 Zentimeter, verschaffte den BenutzerInnen dadurch mehr Überblick und brachte sie den himmlischen Göttern ein Stück näher. Den Herrschenden vorbehalten blieb weiterhin die Rückenlehne. Der griechische Thron hatte ähnlich wie die ägyptischen Vorläufer eine Rückenstütze, Armlehnen, Tierbeine und -füße, und er war für Götter und Göttinnen, Staatsoberhäupter und hohe WürdenträgerInnen reserviert. Die Benutzung unterschiedlicher Sitzgelegenheiten stellte auch die Hierarchie zwischen den Geschlechtern klar: Während adelige Männer wie die Götter auf Thronen saßen, mussten adelige Frauen ohne Rückenlehne sitzen.[4] So werden Gestaltungselemente von Gegenständen geschickt genutzt, um gesellschaftliche Ordnungsprinzipien im Alltag umzusetzen.

4   *Eickhoff, 1993, S. 51*

¶ During classical antiquity the practice of sitting on a piece of wood slowly replaced that of squatting on the ground and also spread among the lower social classes. The three- or four-legged stool became a Mediterranean mass phenomenon. It raised the head and eyes by roughly forty centimeters in the resting position, gave its user a better overall view of the situation, and brought him or her a bit closer to the heavenly gods. The backrest remained reserved for rulers. The Greek throne, like its Egyptian forerunner, possessed a backrest, armrests, animal legs and feet, and was only for gods, heads of state, and high dignitaries. The use of different types of seating also clearly established the hierarchy between the sexes: While aristocratic men sat on thrones like the gods, chairs used by aristocratic women had no backrests.[4] In this way the design elements of objects are subtly employed to implement social ordering principles in everyday life.

4   *Eickhoff, 1993, p. 51*

¶   Auch die RömerInnen, die im Wesentlichen die ägyptischen und griechischen Sitzmöbel übernahmen, hatten ein hierarchisch geprägtes Verhältnis zum Stuhl. Sessel im heutigen Sinn wie die Cathedra mit einer gebogenen Rückenlehne waren wenig verbreitet und anfangs den Cäsaren vorbehalten. Gegessen haben aber auch – oder gerade – die Herrscher im Liegen. Eines der populärsten römischen Möbel war das sogenannte »lectus«, ein Vorläufer der heutigen Chaiselongue. Dieses Sofa wurde zum Ausspannen, zur Konversation und vor allem bei Ess- und Trinkgelagen verwendet.[5] Römische Männer – und nur diese – ließen sich zum Essen auf einem »lectus triclinaris« (Speisesofa) nieder,[6] wobei immer drei gemeinsam auf einer Liege Platz fanden. Wiederum drei solcher Sofas wurden hufeisenförmig um einen niedrigen Tisch, die »mensa«, gruppiert. Durch diese fixe Anordnung konnten maximal neun Männer gleichzeitig eine Tischgemeinschaft bilden. Frauen und Sklaven war die Benutzung der Speiseliegen nicht gestattet. Sie saßen auf Hockern, Klappstühlen (ohne Lehnen) oder mussten während des Essens überhaupt stehen. Allerdings aßen die RömerInnen vor allem in der Frühzeit und in der Unterschicht sowie je nach Anlass auch sitzend, was durch entsprechende Funde von Gaststätten belegt ist.[7]

¶   For the Romans, too, who had essentially adopted Egyptian and Greek furniture for sitting, the chair implied hierarchical order. Chairs in today's sense, like the cathedra with a curved backrest, were rare and initially reserved for the caesars. But rulers also – or first and foremost – ate lying down. One of the most popular pieces of Roman furniture was the so-called "lectus", a forerunner of today's chaise longue. This couch was used for relaxation, conversation, and above all merrymaking and the consumption of food and drink.[5] Roman men – and only this group – would lounge on a "lectus triclinaris" (dining couch) during a meal. The couches were meant to accommodate three men at a time, and three such couches were arranged in the form of a horseshoe around a low table, the "mensa". This set configuration made it possible for a maximum number of nine men to share a meal. Women and slaves were not allowed to use the dining couches. They sat on stools, folding chairs (without backrests), or simply stood throughout the meal. That having been said, archaeological evidence from taverns shows that Romans both male and female also sat during meals, especially in the early period and among the lower classes or depending on the occasion.[6]

5   Miller, 2010, S. 12–13
6   lat. »accumbare«
7   Eidam, Grotkamp-Schepers, Heise, Schepers, 2008, S. 58

5   Miller, 2010, p. 12–13
6   Eidam, Grotkamp-Schepers, Heise, Schepers, 2008, p. 58

Die Benutzung unterschiedlicher Sitzgelegenheiten stellte die Hierarchie zwischen den Geschlechtern klar: Während adelige Männer wie die Götter auf Thronen saßen, mussten adelige Frauen ohne Rückenlehne sitzen.

The use of different types of seating clearly established the hierarchy between the sexes: While aristocratic men sat on thrones like the gods, chairs used by aristocratic women had no backrests.

¶ Die herrschende Klasse des Mittelalters führte die antike Idee, Rang und Stand durch entsprechende Sitzgelegenheiten zu differenzieren, fort. Die Benutzung eines Stuhls symbolisierte Herrschaft, seine Größe und seine Ausführung demonstrierten die Macht der – im wahrsten Sinne des Wortes – BesitzerInnen. Die Gepflogenheiten des Adels, ständig durch die Pfalzen zu reisen, limitierten allerdings das Ausmaß, das Gewicht und das Design der repräsentativen Throne, die ja überallhin mitgeführt werden mussten.[8] »Der Rest der Welt« ließ sich auf hölzernen Bänken ohne Lehne nieder, teilweise war der Stuhl überhaupt unbekannt. Die Menschen des Mittelalters nahmen überall Platz, wo es gerade gelegen kam: auf Truhen, Kisten, Hockern, Kissen, Simsen oder einfach am Boden.[9] Daran änderte auch die Renaissance wenig: Selbst reiche Haushalte waren kaum möbliert. Erst in der Barockzeit etablierte sich der Stuhl in adeligen Kreisen als permanenter Einrichtungsgegenstand. Zwar durften bei Hof alle sitzen, sie mussten dies aber nach den strengen Regeln des offiziellen Zeremoniells tun. Mitte des 18. Jahrhunderts hatte der französische König Ludwig XV. ein präzises System von Stuhltypen, Verhaltensregeln und Posen eingeführt. Die Gestaltung des Stuhls drückte dabei den Rang der BesitzerIn aus. Diese Sitz-, Benimm- und Körperhaltungsregeln bilden bis heute den Grundstein der sogenannten Etikette.[10] Im Büroalltag, wo ManagerInnen oft vor schulterhohen Lederlehnen thronen, während der Mittelbau auf billigen Kunststoffschalen Platz nehmen muss, die nur bis zur Mitte des Rückgrats reichen, stellen unterschiedliche Stuhlqualitäten nach wie vor den Rang der jeweiligen Person innerhalb des Unternehmens klar.

8   Miller, 2010, S. 14
9   Kaufmann, 2006, S. 209
10   Eickhoff, 1993, S. 152

¶ The medieval ruling class continued antiquity's idea of employing chair type to distinguish rank and status. The use of a chair symbolized sovereignty; its size and execution demonstrated the power of its occupant. The feudal lord was wont to travel from one seat of power to the next, a custom that limited the dimension, weight, and design of the representative throne, which of course had to be taken along everywhere.[7] "The rest of the world" used wooden benches without backrests, but in some places the chair was altogether unknown. Medieval man sat on anything available: chests, boxes, stools, cushions, ledges, or simply the ground.[8] Things didn't change much in the Renaissance either: Even wealthy households hardly had any furniture. It wasn't until the Baroque period that the chair became a permanent fixture in aristocratic circles. Although everyone at court was allowed to sit, this was done according to the strict rules of official conduct. In the mid-eighteenth century, King Louis XV of France introduced a precise system of chair types, rules of behavior, and poise. Here, chair design expressed the rank of its owner. These rules of conduct and poise still form the cornerstone of today's etiquette, or prescribed behavior.[9] At the office, too, where managers often preside from leather thrones with shoulder-high backrests while the middle echelons toil in cheap plastic molded seating with backrests that only support the lower half of the spine, differences in chair quality still clearly reveal the rank of the users within the company.

7   Miller, 2010, p. 14
8   Kaufmann, 2006, p. 209
9   Eickhoff, 1993, p. 152

Nach mehr als 4000 Jahren ist die Pose des antiken Thronens als allgemein anerkannte und mehrheitlich eingenommene Körperhaltung aus unserem Alltag nicht mehr wegzudenken und durchdringt mittlerweile so gut wie alle Kulturen.

More than 4000 years later, what was the throne-sitting posture in the days of antiquity has become a normal part of everyday life and a practice that pervades almost every culture.

Später eignete sich das junge Bürgertum die Praxis, auf Stühlen zu sitzen, an und läutete damit seine umfassende Verbreitung in allen Bevölkerungsschichten ein. Die Ausübung der ehemals aristokratischen Sitzposition verstand man als Zeichen des Aufbegehrens gegenüber der Obrigkeit. Quasi aus politischen Gründen setzten sich die BürgerInnen auf den einst für sie verbotenen Stuhl, um mit dieser Haltung eine gleichberechtigte Stellung innerhalb der Gesellschaft einzufordern. Gleichzeitig benutzten aber auch sie den Stuhl als Mittel, um sich von ihren Dienstboten und den niederen Ständen abzugrenzen.[11]

Ab der Moderne etablierte sich der Stuhl als beliebteste Sitzgelegenheit der westlichen Welt. Beim Essen, bei Arbeiten aller Art und in fast allen Transportmitteln lassen wir uns auf Sitzen nieder – und in dieser Stellung sogar festschnallen. Nach mehr als 4000 Jahren ist die Pose des antiken Thronens als allgemein anerkannte und mehrheitlich eingenommene Körperhaltung aus unserem Alltag nicht mehr wegzudenken, und sie durchdringt mittlerweile so gut wie alle Kulturen. Tatami-Matten in Kyoto werden genauso durch Stühle ersetzt, wie handgeknüpfte Teppiche in Katar. In Japan treibt die europäische Sitzhaltung mitunter seltsame Blüten. Traditionelle Restaurants bieten zwar Tatamimatten und niedrige Tische an, doch finden sich unter diesen etwa 40 Zentimeter tiefe, exakt der Tischgröße entsprechende Vertiefungen, in die man die Füße stellen kann. Kombiniert mit Kissen und transportablen Rückenlehnen nehmen die Gäste die westliche Sitzhaltung ein ohne das altjapanische Ambiente zu zerstören. Einzig und allein die Servierdamen knien am Boden, wenn sie die Speisen einstellen oder Sake einschenken.

11   vgl. Eickhoff, 1993, S. 151 u. S. 176

Later, the newly created bourgeoisie adopted the practice of sitting in chairs, and from here it soon spread through all walks of life. To assume what had formerly been the aristocratic sitting position was seen as a sign of rebellion against authority. In other words, the bourgeoisie usurped as a political act what had once been prohibited to them and with this stance – so to speak – claimed equality within society. At the same time it used the chair as a means of setting its members apart from the servants and the lower classes.[10]

With the modern age, the chair became a popular piece of furniture throughout the Western world. Whether eating, working, or traveling in vehicles of almost any kind we tend to sit – and even to strap ourselves into place. More than 4,000 years later, what was the throne-sitting posture in the days of antiquity has become a normal part of everyday life and a practice that pervades almost every culture. Chairs have replaced tatami mats in Kyoto and knotted carpets in Qatar. In Japan the European manner of sitting has spawned strange innovations. Traditional restaurants are still furnished with tatami mats, but beneath the low tables the floor has been removed, allowing the diner's legs to dangle as if from the edge of a chair. In this way customers assume the Western sitting position – sometimes combined with cushions and portable backrests – without disturbing the ancient Japanese setting. The only ones to kneel are the waitresses when they bring food or sake.

10   cf. Eickhoff, 1993, p. 151 and p. 176

Die Symbolik des Stuhls

»Nach katholischer Anschauung gilt der Papst als Inhaber des Heiligen Stuhls nur dann als unfehlbar, wenn er ex cathedra, also sitzend, vom Thronsitz des heiligen Petrus aus, spricht.«[12]

¶ Der Einsatz des Stuhls als Machtobjekt ist eng mit der Entwicklung des Patriarchats verbunden. Das Sitzen auf ihm war von Anfang an zumeist den Männern vorbehalten und wurde als Symbol für deren Autorität und Vormachtstellung verstanden. Die Einführung erster Sitzgelegenheiten in Form des Throns läutete die Ablöse der matriarchalischen Weltordnung ein.[13] Das Sinnbild des nomadischen, weiblichen Weltbilds war die auf dem Boden hockende (und gebärende) Urmutter. Sie war dem fruchtbaren Erdboden im wörtlichen wie im übertragenen Sinn sehr nahe. Der Stuhl dagegen erhob die darauf thronenden Männer physisch wie symbolisch über das auf der Erde kauernde Matriarchat.[14] In unserem Sprachgebrauch ist der Stuhl bis heute ein Symbol für männliche Herrschaft und wird als solcher, zum Beispiel in Form des Heiligen Stuhls, ausschließlich oder aufgrund der Rahmenbedingungen vornehmlich, wie im Fall des Aufsichtsratsvorsitzes, von einem Mann besessen.

12 Eickhoff, 1993, S. 89
13 Eickhoff, 1993, S. 33–34
14 Eickhoff, 1993, S. 26–27; Mythologisch betrachtet wird mit der Einführung des Throns der kosmische Schoß der Urmutter in die Höhe gehoben und dem herrschenden Mann übertragen. (Eickhoff, 1993, S. 31)

Symbolism of the Chair

"According to the Catholic view, the pope is only infallible when speaking 'ex cathedra', that is when sitting in the Chair of Peter."[11]

¶ Use of the chair as an object of power is closely connected with the rise of the patriarchy. From the beginning, sitting in chairs was generally reserved for men and was seen as a symbol of their authority and hegemony. The introduction of the first chairs in the form of thrones signaled the downfall of the matriarchal world order.[12] The archetypical image of the nomadic female view of the world is the primordial mother squatting (and giving birth) on the ground. She is, in both a literal and figurative sense, very close to the fertile earth. In contrast, the chair elevates its male occupant both physically and symbolically above the crouching matriarchy.[13] In everyday language the chair or seat has become a symbol of authority and as such applies either exclusively or mainly to men – for example, the Holy See or the "chairman" of a company.

11 Eickhoff, 1993, p. 89
12 Eickhoff, 1993, p. 33–34
13 Eickhoff, 1993, p. 26–27; Mythologically speaking, the introduction of the throne elevated the cosmic womb of the primordial mother and transferred it to the man. (Eickhoff, 1993, p. 31)

¶ Wenn Möbel und die Art ihrer Verwendung unter anderem dazu dienen, Machtpositionen zu festigen und die Gesellschaft zu strukturieren, so ist auch der Stuhl als Sitzinstrument Ausdrucksmittel einer bestimmten körperlichen und geistigen Haltung.[15] Ähnlich wie die Einführung des individuellen Gedecks, bewirkt auch das Sitzen auf Sesseln eine Distanz zu den TischgenossInnen – und eine räumliche Fixierung innerhalb der Gemeinschaft. Wer sitzt, bewegt sich nicht fort. Während Hocken und am Boden Sitzen vielerlei Berührungsmöglichkeiten mit dem Sitznachbarn bieten, sind diese beim Sitzen auf Sesseln stark eingeschränkt. Ein Großteil des Körpers wird auf einem Sessel auf Distanz zu den Umsitzenden gehalten.[16] »Die Geschlechtsorgane sind im Winkel, den Schenkel und Oberkörper bilden, verborgen und durch das Sitzbrett von unten abgeschirmt. Jeder sitzt auf seiner individuellen, von denen der Anderen isolierten Ebene. Indem Stühle hautnahen Kontakt verhindern, wird im Sitzen die Möglichkeit zur Herstellung intimer Nähe aufgegeben.«[17]

¶ Die Stühle und die Art, wie sie arrangiert sind, weisen ihren BenutzerInnen eine fixe Position im Verhältnis zu den anderen TeilnehmerInnen zu und erfordern eine von den jeweiligen kulturellen Standards festgelegte Körperhaltung. Die Einladung, auf einem Stuhl Platz zu nehmen, bedeutet, dies nach ganz bestimmten Regeln zu tun. Wer den ungeschriebenen Gesetzen der Stuhlbenutzung nicht gehorcht, und sich beispielsweise zwischen Tellern und Gläsern in die Mitte auf den Tisch setzt, wird nicht lange Mitglied der Tischgemeinschaft bleiben. Diese Gebrauchsanweisungen müssen ebenso wie die zu ihrer Durchführung nötige Körperbeherrschung erlernt werden. Das Hocken auf Teppichen kann genauso schwierig sein, wie das Knien auf Strohmatten oder das Sitzen auf vierbeinigen Stühlen, und es dürfte je nach Übung und Gewohnheit als enorme körperliche Anstrengung empfunden werden.

¶ While furniture and its use can serve to reinforce positions of power and to structure society, the chair as a seating implement is also the expression of a certain physical and intellectual attitude.[14] As with the introduction of individual place settings, the practice of sitting in chairs also creates distance to the other people at the table and a spatial anchoring within the group. If one is seated, one is bound to a given place. Whereas squatting and sitting on the ground provide many opportunities for contact with the person next to you, sitting in chairs severely limits one's options. When seated in a chair much of your body is kept at a distance from the people around you.[15] *"The sexual organs are tucked away between one's thighs and upper torso, hidden and shielded from below by the seat of the chair. Each person sits isolated from the others on his or her individual board. Since chairs prevent physical contact, we, by sitting in them, relinquish our chance to create intimacy."*[16]

¶ The arrangement of the chairs around a table assigns the users a set position in respect to the other group members and calls for a given posture prescribed by cultural conventions. The invitation to take a seat means to do so according to very specific rules. Failing to adhere to the unwritten laws of chair use and instead sitting on the table amid the plates and glasses is sure to result in a future exclusion from the dining group. Operating instructions must be learned the same way one learns the body control necessary for executing them. Squatting on carpets can be as difficult as kneeling on straw mats or sitting in four-legged chairs and depending on practice and habit can be perceived as quite physically strenuous.

14   *Eickhoff, 1993, p. 45 and p. 176*
15   *Eickhoff, 1993, p. 172*
16   *Eickhoff, 1993, p. 172*

15   *Eickhoff, 1993, S. 45 u. S. 176*
16   *Eickhoff, 1993, S. 172*
17   *Eickhoff, 1993, S. 172*

Ein bequemes Möbel, um sich entspannt niederzulassen, war der Stuhl ohnehin nie. Ganz im Gegenteil, das Sitzen wurde als körperliche Fähigkeit und Anstrengung betrachtet. Die Bewegungslust musste (und muss) beim Sitzen unterdrückt, ihre erfolgreiche Bekämpfung mühsam trainiert werden.[18] *»Das Sitzen ist eine sozial differenzierende Tätigkeit, die den leiblichen Bedürfnissen entgegensteht. Es enthebt den König oder andere privilegierte Personen der persönlichen Bequemlichkeit und teilt ihnen zeitgleich überpersönliche, gesellschaftliche Funktionen, Positionen und Aufgaben zu.«*[19]

Sitzen heißt, den Körper zu beherrschen. Mit dem Befehl »Bleib sitzen!« verbieten Eltern ihren Kindern, den Körper beim Essen frei zu bewegen. Wenige Monate alte Babys werden in Hochstühle geschnallt und für die Dauer einer Mahlzeit zu einer mehr oder weniger starren Haltung gezwungen. Einige Jahre später folgt die Aufforderung: »Sitz gerade!« Das Kind nimmt mittlerweile auf viel zu großen Erwachsenenstühlen Platz. Der Stuhl ist Ausdruck jenes Anspruches, beim Essen den Leib zu kontrollieren und den Drang nach Bewegung zu bezwingen. Der Stuhl befiehlt (lustlose) Haltung.

So ist es sicher kein Zufall, dass sich die verstellbare Rückenlehne, die 1969 vom deutschen Designer Rainer Bohl entwickelte wurde, bis heute nur beim Bürostuhl durchgesetzt hat. Das Design jener Stühle, die man zum Essen benutzt, muss Kontinuität, Immobilität und eine gewisse Schwere, die den BenutzerInnen Sicherheit vermittelt, ausstrahlen. Flexibilität in Form von schwingenden Lehnen, schwenkbaren Sitzflächen oder Möbelrädern sind bei Essstühlen nicht erwünscht. So konnte auch der sogenannte »Freischwinger«, ein stählerner Stuhl ohne Hinterbeine, der von Mart Stam entwickelt und von Marcel Breuer perfektioniert wurde, den starren Speisestuhl mit fixer Rückwand nicht verdrängen.

18 *Eickhoff, 1993, S. 32*
19 *Eickhoff, 1993, S. 39*

The chair was never a comfortable piece of furniture intended for relaxation. On the contrary, sitting was regarded as a physical skill and as exertion. To do it, one had (and has) to suppress one's desire to move, and to successfully achieve this requires hard work and practice.[17] *"Sitting is a socially distinguishing activity that contradicts our physical needs. It divests a king or other privileged person from personal comforts and at the same time assigns him or her superhuman social functions, positions, and duties."*[18]

Sitting means controlling one's body. By hissing: "Sit still!" parents forbid their children to move freely at the table. Infants only a few months old are strapped into high chairs, forcing them into a more or less rigid position for the duration of a meal. A few years later, children are ordered to "Sit up straight!" Meanwhile the child is using an adult chair that is much too big for him or her. The chair is the expression of the need to control the body during the meal and to overcome the desire to move. The chair forces us to sit (e)motionlessly.

It is no coincidence, then, that the adjustable backrest developed in 1969 by the German designer Rainer Bohl has only found widespread application in office chairs. Dining chairs call for continuity, immobility, and sufficient weight to convey security to the user. Flexibility in the form of rocking backrests, swiveling seats, or wheels are not desirable in a dining chair. Not even the cantilever chair, a bouncy steel-frame model developed by Mart Stam and perfected by Marcel Breuer, managed to replace the stiff dining chair with its rigid backrest.

17 *Eickhoff, 1993, p. 32*
18 *Eickhoff, 1993, p. 39*

ÖVERENS **3,50**

ÖVERENS **2,50**

ÖVERENS **5,99**

ÖVERENS **2,50**

Kredenz | Credenza

SNÖBLOMM. 3,50
26 cm weiß
302.274.79

SNÖBLOMM. 2,50
23 cm weiß
102.274.80

SNÖBLOMM. 1,99
15 cm weiß

GOTTIS

TROLSK 1,99

TROLSK 3,50

Kredenz, Anrichte und Geschirrvitrine

Neben Tisch und Stuhl kennt das Esszimmer noch weitere traditionelle Einrichtungsgegenstände, zum Beispiel die Kredenz.[1] Ursprünglich diente sie als Beistelltisch bei Hof, an dem der Vorkoster das Essen für den Fürsten und die Fürstin überprüfte und freigab. In der Kirche ist die Kredenz bis heute ein kleiner, mit einem weißen Leinentuch bedeckter Tisch, der seitlich neben dem Altar steht. Vor dem Gottesdienst deckt der Mesner dort die katholischen Speisegeräte – Kelch, Messkännchen, Lavabotablett und Lavabotuch – auf. Während der Eucharistie fungieren die MinistrantInnen als KellnerInnen und servieren dem Priester von der Kredenz aus Wasser und Wein.[2]

¶ Bis zur Einführung des Bestecks bildete auch das sogenannte Gießfasskensterlein einen fixen Bestandteil des Speisezimmermobiliars. Im Mittelalter, als man noch mit den Fingern aß, war eine Waschgelegenheit unmittelbar neben dem Essplatz unabdingbar, um die Hände vor und nach dem Essen zu säubern. Das Gießfasskensterlein bestand aus einem Frischwasserbehälter, dem Gießfass mit Hahn, einem Handbecken und einem Eimer für das schmutzige Wasser, wobei alle diese Elemente in ein gemeinsames Möbelstück integriert waren.[3]

Ursprünglich diente die Kredenz als Beistelltisch bei Hof, an dem der Vorkoster das Essen für den Fürsten und die Fürstin überprüfte und freigab.

In royal or noble households the credenza originally served as a side table where food was tested by the taster and declared safe to eat.

1 lat. »credere« oder ital. »fa credenza« = glauben, vertrauen
2 Witt-Dörring, in: Hürlimann, Reininghaus, 1996, S. 59
3 Morel, 2001, S. 17

Credenza, Dresser, and China Cabinet

In addition to the table and chair, there are several other pieces of traditional dining room furniture, for example the credenza.[1] In royal or noble households it originally served as a side table where food was tested by the taster and declared safe to eat. In churches the credence table has survived as a small table with a white linen cloth that stands beside the altar. Before church service the Catholic meal implements – chalice, cruet, lavabo dish, and lavabo towel – are placed upon it by the altar server. During the Eucharist, altar servers act as waiters, offering the priest water and wine from the credence table.[2]

¶ Until cutlery became widespread, the washstand was also a common dining room fixture. In the Middle Ages, when people still ate with their fingers, a basin next to the dining table was essential for washing one's hands before and after the meal. The washstand was a single piece of furniture that integrated a fresh water cistern with a spigot, a basin, and a pail for dirty water.[3]

1 from the Latin "credere" or "fa credenza" = believe, trust
2 Witt-Dörring, in: Hürlimann, Reininghaus, 1996, p. 59
3 Morel, 2001, p. 17

Vom späten Mittelalter bis zur Aufklärung zeigte die Schaustellage – und was darauf präsentiert wurde – den sozialen Status des Hauses an.

From the late Middle Ages to the age of Enlightenment the display stand and everything on it reflected the family's social status.

Ab dem 16. Jahrhundert bildete sich aus der Kredenz, dem Gießfasskensterlein und dem Geschirr-regal ein neues, kombiniertes Möbel – die Anrichte. Sie entwickelte sich im Laufe der Zeit von einer einfachen Ablagefläche zum Vorschneiden der Speisen hin zu einer mehrstufigen, mit Tüchern ausgelegten Schaustellage. Das Waschbecken verschwand vermutlich mit der Einführung des Bestecks, stattdessen nutzte man den Platz zur Präsentation von kostbarem Geschirr. Vom späten Mittelalter bis zur Aufklärung zeigte die Schaustellage – und was darauf präsentiert wurde – den sozialen Status des Hauses an. Seine Gestaltung, vor allem die Anzahl der stufenartig übereinander angeordneten Stellagen, war dem Hofrecht unterworfen und folgte strengen Regeln.[4]

Bei öffentlichen Auftritten hatte die Schaustellage die Aufgabe, den gesellschaftlichen Rang seines Besitzers oder seiner Besitzerin für alle sichtbar darzustellen.[5] Das Porzellan von Fürstenhöfen und Kaiserhäusern wurde deshalb von einer Krönung zur nächsten Beerdigung gekarrt, um aller Welt zu zeigen, wer wirklich besitzt – und wer eben nicht. Die reisefähigen Paradestellagen des Hochadels waren ein Macht- und Herrschaftssymbol und bildeten einen fixen Teil des Zeremoniells von Staatsbanketten. Die Gerüste dafür konnten rasch auf- und abgebaut werden, das darauf platzierte Tafelgeschirr wurde oft auch vor Ort extra zu diesem Zweck ausgeliehen. Tatsächlich gegessen wurde von den teuren Tellern so gut wie nie. Der englische Hof pflegte die Sitte der Schaustellage sogar bis um 1850, danach ging man dazu über, die wertvollen Porzellanstücke in die Tischdekoration zu integrieren.[6]

From the sixteenth century on, a new combined piece of furniture brought together elements of the credenza, washstand, and cupboard: the dresser. It developed over the ages from a simple counter where food was carved or sliced before being served, to a multi-tiered display stand draped with fabric. The washbasin disappeared, probably with the advent of cutlery, and instead the space was utilized for the presentation of expensive dishes. From the late Middle Ages to the age of Enlightenment the display stand and everything on it reflected the family's social status. There were actual laws regulating its design and especially the tiers, for the specific number of these depended on the owner's social rank and was strictly defined and enforced.[4]

In public demonstrations the display stand had the task of manifesting the social status of its owner for everyone to see.[5] The family porcelain of noblemen and emperors was for this reason hauled from coronations to funerals to the next affair in order to show the world where the real wealth was. The high nobility's traveling display stands were a symbol of power and dominance and an indispensable part of the official ritual at state banquets. Even the most prestigious stands – the ones with the most tiers – could be set up and taken down quickly. Over time the practice escalated, taking on outrageous proportions, so that sometimes additional dishes were borrowed locally to fill the stands. No one ever actually ate from these expensive plates. The British court continued the custom of the display stand until the mid-1800s, at which point the trend turned to integrating the valuable porcelain pieces into the table decoration.[6]

4   Morel, 2001, S. 20 u. S. 88–90
5   Witt-Dörring, in: Hürlimann, Reininghaus, 1996, S. 59
6   Morel, 2001, S. 90–93

4   Morel, 2001, p. 20 and p. 88–90
5   Witt-Dörring, in: Hürlimann, Reininghaus, 1996, p. 59
6   Morel, 2001, p. 90–93

Im frühen 19. Jahrhundert wurde die Schaustellage verglast und mutierte zur Vitrine. Die Idee, Geschirr repräsentativ auszustellen – auch wenn es nicht sehr kostbar ist – hat sich als Esszimmerdekoration bis heute erhalten. Verglaste Geschirrschränke im Speisezimmer gehören zur Standardausstattung des bürgerlichen Haushalts – auch wenn aus ihnen bloß IKEA-Porzellan lacht.[7][8]

In the early nineteenth century the display stand was given glass walls and doors and gradually evolved into the china cabinet. Displaying one's dishes – even if they aren't very valuable – has to this day remained a traditional part of dining room decoration. Glass cabinets in the dining room are a standard part of the middle-class household – even if all they showcase are IKEA dishes.[7][8]

7   *Witt-Dörring, in: Hürlimann, Reininghaus, 1996, S. 59*
8   *Während sich die Anrichte aus einem Beistelltisch entwickelte, entstand das Buffet (auch Sideboard) aus der Truhe. Eine sargähnliche Kiste wurde auf vier Beine gestellt und konnte somit auch als Präsentationsfläche für Dekorationsgegenstände oder Speisen verwendet werden. Oft diente die längliche Fläche zum Aufstellen verschiedener Schnapsflaschen, eines Blumenstraußes oder aller für eine Mahlzeit vorbereiteten Gerichte. Die Gäste mussten sich davon selbst bedienen, und so verlieh das Möbelstück auch dieser Serviermethode ihren Namen. Im Gegensatz zur Anrichte stand das Buffet stets an der Wand, sodass die Rückseite nie gestaltet wurde.*

7   *Witt-Dörring, in: Hürlimann, Reininghaus, 1996, p. 59*
8   *Whereas the dresser evolved from a side table, the forerunner of the buffet (aka sideboard) was the chest. A casket mounted on four legs served as a presentation surface for decorative objects or food. Long buffet counters often held several bottles of schnapps, a bouquet of flowers, or all the dishes prepared for a meal. Guests were expected to help themselves, thus this piece of furniture also gave this serving method its name. Unlike the dresser, the buffet always stood against the wall, so that no one ever bothered to design the back of it.*

Tisch und Stuhl | Table and Chair

Tisch und Stuhl – eine symbolträchtige Kombination

Tisch und Stuhl bildeten nicht immer ein fixes Einrichtungsensemble. Der Esstisch mit permanent darum herum gruppierten Stühlen setzte sich in Europa erst im 18. Jahrhundert durch.[1] Davor wurden Bänke und Hocker aller Art kurz vor dem Essen zum Tisch gestellt und danach wieder weggeräumt. Noch am Anfang des 19. Jahrhunderts war es in Großbritannien üblich, Stühle im Esszimmer entlang der Wände aufzureihen und erst am Beginn der Mahlzeit zum Tisch zu tragen. Der extrem leichte Windsor-Stuhl verdankt seinen weltweiten Erfolg diesem Prozedere, denn er konnte einfach von einer Person durch den Raum transportiert werden.

¶ Heute besitzen die meisten Haushalte zu jedem Esstisch eine Garnitur passender Stühle, die dauerhaft und symmetrisch um ihn herum angeordnet sind. Die Benutzung dieser beiden Geräte formalisiert den Akt der Nahrungsaufnahme, indem sie den Körper in eine fixe Position drängt. Der von den Möbeln vorgegebene Verhaltenskodex ist auch der Sicherheit zuträglich: Er akkordiert das Verhalten aller TeilnehmerInnen, verhindert schnelle Bewegungen und stellt sicher, dass die Mahlzeit nach einem allen Beteiligten bekannten Muster abläuft. Selbst AstronautInnen der internationalen Raumstation Iss gurten sich an Stühlen fest und heften ihr Essen mit Klettverschlüssen an einen Tisch, um trotz Schwerelosigkeit nach irdischem Vorbild speisen zu können.

1 *Kaufmann, 2006, S. 89 u. S. 209*

Der Esstisch mit permanent darum herum gruppierten Stühlen setzte sich in Europa erst im 18. Jahrhundert durch.

The dining table with chairs grouped around it only became widespread in Europe in the eighteenth century.

Table and Chair — A Symbolic Combination

Tables and chairs have not always formed a fixed ensemble. The dining table with chairs grouped around it only became widespread in Europe in the eighteenth century.[1] Until then, benches and stools of all kinds were placed around the table just before meals and afterwards taken away. In the early nineteenth century it was still common in the United Kingdom to leave chairs lined up along the dining room walls and only set them up around the table when needed. The extremely light Windsor chair owes its worldwide popularity to this procedure because it could easily be carried across the room by a single person.

¶ Today most households own a dining table and matching chairs arranged permanently and symmetrically around it. These pieces of furniture formalize the act of food intake by forcing the body into a given position and restricting motion. The code of behavior determined by these furniture items also contributes to overall safety: It coordinates the behavior of everyone at the table, prevents overly quick movements, and makes sure the meal proceeds according to a pattern familiar to everyone in the group. Even astronauts at the International Space Station Iss wear seatbelts and strap their food to the table with Velcro in order to maintain an earthly semblance of meal consumption despite the weightless environment.

1 *Kaufmann, 2006, p. 89 and 209*

Tisch und Stuhl ordnen

Die Essgruppe aus Tisch und Stühlen ist Ausdruck von Sesshaftigkeit und verleiht, zumal in ungewohnten Situationen wie im Weltall, Sicherheit. Im Gegensatz zu Bürotischen oder Campingmöbeln strahlen Speisemöbel eine besondere Schwere aus. Für Mahlzeiten vorgesehene Tische haben im Regelfall keine Rollen, sind nicht höhenverstellbar, und sie werden selten verschoben. Ebenso wie die Essenden selbst, wechselt auch das Mobiliar während der Mahlzeit nicht den Ort.

¶ Zudem teilt der Tisch den Raum in zwei Bereiche. Oberhalb der 75 Zentimeter hohen Tischplatte findet ein ritueller Akt nach strikten Regeln statt. Werkzeuge und Speisen werden nach räumlichen und zeitlichen Ordnungsprinzipien arrangiert und benutzt. Die Bewegungsabläufe der TeilnehmerInnen entsprechen strikten Choreografien, die von Kindesbeinen an trainiert werden. Was dagegen unter dem Tisch passiert, entzieht sich den Augen der Gemeinschaft und ist kaum reglementiert. Nackte Tatsachen dürfen sprichwörtlich oft nicht auf den Tisch gelegt, Probleme oder Schmutz wohl aber unter den Tisch gekehrt werden.

¶ Tisch und Stuhl strukturieren die Gruppe und stellen Hierarchien klar. Die Form des Tisches dient auch dazu, dem internen Gefüge der Gruppe Ausdruck zu verleihen und die Machtverhältnisse klarzustellen. Während bei einem runden Tisch alle Sitzplätze gleichwertig sind, haben rechteckige Tische einen Vorsitz. Schon in Wolfram von Eschenbachs »Parzival« saß der Hausherr am Tischhaupt. Auch klösterliche Gemeinschaften nutzten die gliedernde Wirkung des länglichen Tisches, an dem sich die Brüder nach Rang und Alter »auffädelten«. Der Abt saß am Haupt, der älteste Mönch direkt daneben am ersten Platz der Längsseite. Verstarb ein Bruder, rückte der nächste nach.

Oberhalb der Tischplatte findet ein ritueller Akt nach strikten Regeln statt. Werkzeuge und Speisen werden nach räumlichen und zeitlichen Ordnungsprinzipien arrangiert und benutzt. Die Bewegungsabläufe der TeilnehmerInnen entsprechen strikten Choreografien, die von Kindesbeinen an trainiert werden.

Above the tabletop a ritual act takes place based on strict rules. Tools and food are arranged and employed according to spatial and temporal ordering principles. The sequences of movements of the participants follow strict choreographies that have been practiced since childhood.

Table and Chair Order

The dining ensemble of the table and chair is the expression of a sedentary lifestyle and gives us a sense of security, especially in unfamiliar situations such as outer space. As opposed to office desks or camping chairs and tables dining furniture emanates a particular gravity. Tables intended for dining do not usually have wheels, are not height adjustable, and are seldom moved from their position. Like the diners themselves, dining furniture stays put during the meal.

¶ Moreover, the table divides the room into two areas. Above the 75-centimeter-high tabletop a ritual act takes place based on strict rules. Tools and food are arranged and employed according to spatial and temporal ordering principles. The sequences of movements of the participants follow strict choreographies that have been practiced since childhood. What goes on beneath the table, however, completely escapes the attention of the other diners and is hardly governed at all. Putting the naked truth on the table is socially unacceptable, but it is perfectly okay to brush crumbs or problems under the table.

¶ The table and chair structure the group and make hierarchies clear. The form of the table also serves to express the internal structure of the group and shed light on the power politics at play. Whereas at a round table everyone is equal, with a rectangular one there is always a head. Even in the thirteenth-century romance "Parzival" by Wolfram von Eschenbach the man of the house sat at the head of the table. Monastic communities made use of the structuring effect of the long table. The abbot presided at the head, beside him sat the oldest monk followed by the other brothers in descending order of age. If one of the monks died, the younger ones moved up a seat.

Die Zuteilung des Sitzplatzes erfolgt nach der jeweiligen Stellung innerhalb der Gruppe und hängt von Geschlecht, Alter, Rang, Stand et cetera ab. Bei Staatsbanketten erstellen eigene Protokollabteilungen die Sitzpläne, im Privatbereich geben Benimmbücher Auskunft über die Sitzordnung bei Hochzeiten, Beerdigungen oder anderen Anlässen. Traditionell übernehmen der Herrscher, der Chef, der »nährende« Vater oder ein Ehrengast bei Tisch den Vorsitz. Doch auch die Mitte der Längsseite kann ein besonderer Platz sein, den zum Beispiel bei Hochzeiten gerne das Brautpaar einnimmt. Auch auf Darstellungen des Letzten Abendmahls sitzt Jesus oft in der Mitte der Tafel.

Runde Tische dagegen haben keine Richtung. Der Legende nach versammelte König Artus seine untereinander zerstrittenen Ritter bewusst an einer runden Tafel, um Diskussionen zur Tischordnung zu vermeiden und keinen von ihnen zu bevorzugen oder zu benachteiligen. Jeder Einzelne sollte einen gleichwertigen Platz besetzen – beim Essen wie in der Gemeinschaft. Durchgesetzt hat sich die demokratische, runde Tischform nicht, vermutlich auch aufgrund ihrer mangelnden Funktionalität. Rechteckige Platten bieten allein schon deshalb Vorteile, weil sich Einzeltische beliebiger Zahl aneinanderreihen lassen. Und naturgemäß lassen sich in rechtwinkelige Esszimmer und Speisesäle ebensolche Tische besser anordnen als ihre runden Pendants.

Seating arrangements are often based on one's position within the group and depend on gender, age, rank, status, etc. For state banquets special protocol officers draw up the seating order; for private affairs, books of etiquette provide information about seating arrangements for weddings, funerals, or other occasions. Traditionally the ruler, the boss, the "nourishing" father, or a guest of honor presides at the head of the table. But the center of the long side of the table can also be a special place where at weddings, for instance, the bride and groom are wont to sit. In depictions of the Last Supper, too, Jesus often sits at the center of the table.

Round tables have no direction and are thus non-hierarchical. According to legend, King Arthur intentionally called his quarrelsome knights together around a round table to avoid discussions about the seating order and to make sure he didn't favor or discriminate against anyone. Each of his guests had an equally important place – at the table and within the group. But the democratic form of the round table never gained widespread acceptance, presumably because of its poor functionality. One of the simple advantages of the rectangular tabletop is that one can line up as many individual tables as one likes. And, of course, in rectangular dining rooms and cafeterias they are easier to accommodate than their round counterparts.

Räume | Spaces

Räume zum Essen

Beim Essen hegen Menschen Vorlieben für bestimmte Orte, während sie andere meiden. In Europa nehmen wir unsere Nahrung in Speise- und Wohnzimmern, in Küchen, Restaurants, Wirtshäusern, Imbissbuden, Kantinen, Speisewägen und Raststätten, in Gastgärten, auf Terrassen, Wiesen und Waldlichtungen zu uns. An anderen Orten ist der Verzehr von Nahrung dagegen unangenehm. Essen im Auto oder in öffentlichen Verkehrsmitteln oder am Arbeitsplatz wird als notwendiges Übel gesehen, das satt macht, ungesund ist und keinerlei Genuss mit sich bringt. Während riesige Fabrikskantinen mit ihrem funktionalen Ambiente als steril und ungemütlich gelten, pilgern hungrige Shopper oft und gern in die licht- und luftlosen Selbstbedienungsrestaurants von Einkaufszentren und Möbeldiskontern.

❡   Welche Anforderungen stellen wir an Räume, in denen wir essen? Warum scheint ein Platz geeigneter als ein anderer? Und welche Regeln stecken hinter der Auswahl von Orten zum Essen?

❡   Viele Tiere bringen ihre Jagdbeute in ihren Bau, ihr Nest oder ihre Höhle, um ungestört zu fressen. Diese Rückzugsorte sind Vorratskammern und Sicherheitsposten zugleich. Um sich ganz dem Fressen widmen zu können, wählen sie Räume, die möglichst wenig Wachsamkeit und Verteidigungsbereitschaft einfordern. Auch Menschen ziehen sich zur Nahrungsaufnahme gerne an sichere Orte zurück. In Lokalen sind jene Tische, die an der Wand stehen und am weitesten von der Tür entfernt sind, als erstes besetzt. Sie bieten Schutz und Überblick in gleichem Maß.

❡   Von Essräumen erwarten wir Geborgenheit, Gemütlichkeit und Sauberkeit. Wir lieben ein Ambiente, das keinen Handlungsbedarf einfordert, sodass wir uns entspannen und die volle Aufmerksamkeit dem Genuss des Essens widmen können. Schmutz, Staub, grelles Licht, Hitze oder Kälte, schlechte Gerüche oder Lärm hindern uns daran, in Ruhe zu essen.

Eating Spaces

When it comes to eating, we have preferences for certain places and tend to avoid others. In Europe people eat their meals in dining and living rooms, kitchens, restaurants, pubs, snack bars, cafeterias, dining cars, at rest stops and sidewalk cafés, on terraces, in meadows and in forest glades. In contrast, other places can be uncomfortable. Sometimes you have no choice but to eat in the car or at work, a quick bite that usually just fills the stomach but is otherwise unenjoyable. Huge factory cafeterias with their functional atmospheres strike us as sterile and uninviting, but some places with no natural light or ventilation – like self-service restaurants or food courts in shopping malls – can be appealing nonetheless.

❡   What do we expect from our eating spaces? Why do some places seem more suitable than others? And which rules determine where we choose to eat?

❡   Many animals retreat to their lairs, nests, or caves with their kill in order to eat undisturbed. These places serve as storerooms and safe havens; here an animal can let down its guard and devote all its attention to its food. People also choose safe places to eat. In restaurants the tables along the walls and farthest away from the door are taken first. They offer both security and a good vantage point.

❡   We expect our eating spaces to be secure, comfortable, and clean. We favor an atmosphere that doesn't call for action on our part, allowing us to relax and focus all our attention on enjoying our meal. Dirt, dust, harsh light, heat, unpleasant odors, or noise prevent us from eating in peace.

Anhand gesellschaftlicher Vorgaben haben wir gelernt zu unterscheiden, welche Räume zum Essen infrage kommen und welche nicht.

Social conventions instruct us in determining which rooms are suitable for eating and which are not.

Anhand gesellschaftlicher Vorgaben haben wir gelernt zu unterscheiden, welche Räume zum Essen infrage kommen und welche nicht. Wer auf der Werkbank oder am Fließband seine Jause ausbreitet, erntet missbilligende Blicke. Auch der Genuss eines Burgers, Döners oder Kebabs in der U-Bahn oder einer Kirche, ist deplatziert. In öffentlichen Gebäuden wie Gerichtssälen, Geschäften oder Kulturstätten ist der Verzehr von Speisen und Getränken oft ausdrücklich untersagt. Wenn das Publikum großer Opernhäuser heute ehrfürchtig und mucksmäuschenstill jede einzelne Note verfolgt, so kann man sich kaum vorstellen, dass in der Barockzeit während der Aufführungen lauthals gegessen, getrunken und gescherzt wurde. Die Regeln, wo man sich niederlassen und seine Nahrung zu sich nehmen darf, sind eine Frage der Konvention und auch der Situation. In bürgerlichen Kreisen ist der Verzehr von Speisen im Schlafzimmer eigentlich verpönt. Nur Kranke und Taugenichtse essen im Bett. Sich am Muttertag oder im Hotel ein Frühstück ans Bett bringen zu lassen, gilt hingegen als besonderer Luxus.

Je nach Kultur und Stand werden Räume in ihrer Größe und Proportion sowie durch die Positionierung im häuslichen Umfeld explizit für die Nahrungsaufnahme gestaltet. Aus- und Einblicke werden inszeniert, Materialien und Farben sorgfältig ausgewählt. Die Idee, jene Räume, die zur Einnahme der Mahlzeiten gedacht sind, speziell zu dekorieren, ist nichts Neues. Gottfried von Straßburg beschreibt in seinem Tristan-Roman ein Diner von König Artus. Dafür wurden die Wände des Saales mit Wandteppichen mit Goldmustern behängt, der Fußboden mit kostbaren Seidenteppichen belegt und mit Rosenblättern bestreut.[1]

1 Enzinger, in: Kolmer HG, 2008, S. 24

Social conventions instruct us in determining which rooms are suitable for eating and which are not. Unpacking one's lunch on the workbench or the assembly line is met with disapproving glances, and it is equally out of place to sink one's teeth into a burger, bagel, or gyros sandwich in the subway or a church. Food and beverages are often expressly prohibited in public buildings like courthouses, stores, or places of cultural interest. Whereas today opera audiences listen quietly, almost reverently to every note, Baroque audiences ate, drank, and joked loudly during performances. Eating in bed is generally frowned upon in middle-class circles and anyone who does so is either sick or lazy. On the other hand being served breakfast in bed on Mother's Day or in a hotel is considered a special luxury.

The design of dining rooms in terms of size and proportion as well as their position within the domestic environment has much to do with culture and social class. The views from inside and outside are carefully staged and materials and colors painstakingly selected, but the notion of decorating rooms specifically for dining is nothing new. In his courtly epic Tristan, Gottfried von Strassburg describes one of King Arthur's banquets, for which gold-patterned tapestries were hung on the walls of the hall, valuable silk carpets rolled out, and rose petals scattered on the floors.[1]

1 Enzinger, in: Kolmer HG, 2008, p. 24

Esszimmer | Dining Room

Esszimmer

Erst ab dem 18. Jahrhundert werden die Räume in den bürgerlichen Wohnungen klar nach Funktion geteilt.

It wasn't until the eighteenth century that the middle classes began distinguishing specific rooms in their apartments according to function.

Die älteste Form, an einem ausgewählten Ort zusammenzusitzen und zu essen, ist das Lagerfeuer. Um die Kochstelle unter freiem Himmel wurden später Überdachungen, Hütten und ganze Gebäude errichtet. Gegessen wurde direkt beim Herd, der jahrtausendelang den Mittelpunkt des Wohnhauses bildete – im bäuerlichen Umfeld sogar bis in die allerjüngste Vergangenheit.[1] Fernab der Küche einen eigenen Raum einzurichten, der ausschließlich zum Essen diente, war eine Idee der Aristokratie. Sie verfügte auch über entsprechend viel Personal, um die Gerichte von der Küche in den Speisesaal zu transportieren.

¶ Vorläufer des abendländischen Esszimmers ist das griechische »andron« (Männergemach), ein repräsentativer Raum in adeligen Häusern, in dem die Männer ihre Symposien abhielten. Während dieser Abendgesellschaften lagerten die Beteiligten nach orientalischem Vorbild auf einer Art Bett (»kliné«), wo sie diskutierten und sich unterhalten ließen. Im Zentrum des »andron« stand kein Tisch, sondern der Mischkessel, aus dem der Wein geschöpft wurde.[2]

¶ Das klassische römische Haus verfügte über kein ausgewiesenes Speisezimmer. Man aß im überdachten Innenhof, dem Atrium. Bei größeren Gesellschaften wurde je nach Anlass ein Raum ausgewählt und entsprechend dekoriert. Später übernahm, wer es sich leisten konnte, die griechischen Tischsitten und richtete ein eigenes Esszimmer, das sogenannte »triclinium«, ein.[3] Ärmere Leute vor allem in den großen Städten aßen dagegen mehr oder weniger auf der Straße. Die einfachen Wohnungen in den Mietshäusern besaßen weder ein Esszimmer noch eine Kochgelegenheit. Ihre BewohnerInnen waren auf Garküchen und Imbissstuben angewiesen und konsumierten das dort Erworbene vermutlich oft einfach auf der Gasse.[4] Die ganze Stadt war ein Speiseraum.

1   *Morel, 2001, S. 12–13*
2   *Siebert, in: Eidam, Grotkamp-Schepers, Heise, Schepers, 2008, S. 50*
3   *Enzinger, in: Kolmer HG, 2008, S. 34*
4   *Siebert, in: Eidam, Grotkamp-Schepers, Heise, Schepers, 2008, S. 52*

Dining Room

The cook fire is the oldest form of a chosen gathering place for sitting and eating. Later, canopies, huts and whole buildings were erected around these outdoor fire pits. People ate next to the cooking hearth, which for thousands of years served as the center of the home and continued to do so in farmhouses until the recent past.[1] It was an aristocratic idea to designate a room far away from the kitchen and appoint it exclusively for dining. Of course this class also had enough servants to carry the meals from the kitchen to the dining room.

¶ One forerunner of the Western dining room is the Greek "andron" (men's apartment). In aristocratic houses this was a prestigious room in which men held their symposia. During these evening gatherings, the participants reclined on an Oriental type of couch, the "kline", discussed topics, and let themselves be entertained. At the center of the andron stood not a table but a mixing vessel from which the wine was ladled.[2]

¶ The classic Roman house had no room specifically set aside for dining. One ate in the atrium, the covered central courtyard. For entertaining larger groups of guests a room was selected depending on the occasion and decorated accordingly. Later, those who could afford it adopted Greek table customs and appointed a separate room for dining, the so-called "triclinium".[3] In contrast, the plebs basically ate on the street, especially in large cities. The simplest living quarters in lower-class apartment buildings contained neither dining rooms nor cooking facilities. Occupants depended on street vendors and food stands and presumably consumed what they bought right then and there.[4] The entire city was a dining room.

1   *Morel, 2001, p. 12–13*
2   *Siebert, in: Eidam, Grotkamp-Schepers, Heise, Schepers, 2008, p. 50*
3   *Enzinger, in: Kolmer HG, 2008, p. 34*
4   *Siebert, in: Eidam, Grotkamp-Schepers, Heise, Schepers, 2008, p. 52*

Neben den Speisezimmern der feinen Gesellschaft entstand in spätrömischer Zeit eine neue Art von Räumen, die ausschließlich dem Zweck der Nahrungsaufnahme diente. Bis heute nehmen klösterliche Gemeinschaften ihre Mahlzeiten unter Vorsitz des Abtes in sogenannten Refektorien⁵ ein. Vermutlich besaß bereits das von Pachomios 325 nach Christus bei Tabennisi in Oberägypten gegründete Kloster, in dem die Brüder erstmals gemeinsam unter einem Dach lebten, einen solchen Speisesaal. Spätestens die Weltpriester-Gemeinschaften, die Augustinus um 430 nach Christus ins Leben rief, benötigten entsprechende Speisezimmer, um zu festgelegten Stunden nach strengen Regeln zu Tisch zu liegen.

Architektonisch unterschieden sich die Refektorien, die im Erdgeschoß direkt neben dem Kreuzgang angeordnet wurden, kaum von den übrigen Räumen. Aber sie erfüllten nur einen einzigen Zweck: Sie wurden ausschließlich zur Nahrungsaufnahme benutzt. Essen, Schlafen, Arbeiten und Beten wurde zeitlich und räumlich klar voneinander unterschieden. Diese Trennung blieb gegenüber den multifunktionalen Räumen in profanen Gebäuden über Jahrhunderte hinweg einzigartig. Erst ab dem 18. Jahrhundert werden die Räume in den bürgerlichen Wohnungen klar nach Funktion geteilt.

Außerhalb der klösterlichen Mauern lebten die meisten Menschen gemeinsam mit Verwandten und Tieren in einem einzigen Raum. Auch wohlhabendere Familien, die sich größere Gebäude leisten konnten, kochten und speisten in ein und demselben Zimmer. In deutschen Handwerkerhäusern zum Beispiel bereitete die Frau des Meisters mit Hilfe der Mägde die Mahlzeiten für die Familie, die Gesellen und das Gesinde zu, die dann von allen gemeinsam in der geräumigen Küche verspeist wurden. Kost und Logis waren gleichzeitig die Entlohnung.

5 lat.= Speise- und Erholungsraum

In addition to the aristocratic dining facilities, a new type of room for eating emerged in late antiquity. The so-called refectory was literally a place one went to be restored, from the Latin root "reficere" (to remake, restore). These dining halls presided over by the abbot have been used by monastic communities ever since. In 325 A.D. Pachomius founded a monastery near Tabennisi in Upper Egypt. It was the first one in which monks lived together under the same roof and probably had a refectory. At any rate, by the year 430 the communities of secular priests established by St. Augustine called for dining halls in which its members could recline around the dining table at set mealtimes and according to strict rules.

The refectories, which were situated on the ground level directly beside the cloisters, were architecturally indistinguishable from the rest of the rooms; functionally, however, they were unique in that they were used exclusively for meals. Within the monastery walls there were distinct times and places for eating, sleeping, working, and praying. As opposed to the multifunctional rooms of secular buildings, this remained for centuries the only place where this division was so strictly maintained. It wasn't until the eighteenth century that the middle classes began distinguishing specific rooms in their apartments according to function.

Outside the monastery walls most people lived in a single room shared with relatives and animals. Even wealthy families who could afford larger buildings cooked and ate in the same room. In a typical German craftsman's house, for example, the master's wife and her maids prepared the meals for the family, journeymen, and servants, and everyone ate together in the large kitchen. Room and board were provided in exchange for labor.

Fernab der Küche einen eigenen Raum einzurichten, der ausschließlich zum Essen diente, war eine Idee der Aristokratie.

It was an aristocratic idea to designate a room far away from the kitchen and appoint it exclusively for dining.

¶ Auf Burgen und Schlössern wurden zwar die Küchen – auch aus Angst vor Bränden – von den übrigen Gemächern getrennt, doch der »Rittersaal«, in dem ein Großteil der BewohnerInnen gemeinsam aß, diente ebenso als Tanzboden, Versammlungsort und Aufenthaltsraum. Beim Essen thronte der Vorstand des Hauses in der vergleichsweise großen, aufwendig dekorierten und beheizten Halle auf einer Art Bühne über seinem Hofstaat. Hochrangige Geistliche nahmen oft in einer eigenen kleinen Nische Platz. Alle anderen aßen gemeinsam an langen Tischen. Die Pestepidemien, die ab dem 14. Jahrhundert Europas Bevölkerung dezimierten, veranlassten die herrschende Klasse allerdings dazu, »das Volk« zu meiden. Aus Angst vor Ansteckung zogen sich die Eliten – auch beim Essen – zurück. Dazu kamen infolge der Reformationen politische und religiöse Dissonanzen, die die freie Meinungsäußerung vor allzu vielen Ohren gefährlich machten. Die Oberschicht Englands und Frankreichs flüchtete in kleine Speiseräume, die sie in Anlehnung an die klösterliche Architektur »Parlour« nannte. Zumindest für die Reichen wurde das Essen zu einer sehr privaten Angelegenheit. Ausgenommen waren weiterhin repräsentative, öffentliche Schaudiners des Hochadels, etwa im Rahmen von Hochzeiten.

¶ Mitte des 19. Jahrhunderts begann die neue Gesellschaftsgruppe des Bürgertums für den eigenen Bedarf Stadthäuser zu bauen. Mit dem viktorianischen Bürgerhaus, das in England entwickelt wurde, entstand ein völlig neuer Wohntyp, der die Schlösser der Elite im Kleinformat kopierte. Straßenseitig waren die neuen Einfamilienhäuser mit repräsentativen Aufenthalts- und Speiseräumen ausgestattet, die die aristokratischen Parlours imitierten und auch so hießen.

¶ In castles and palaces the kitchen was kept separate from the other rooms and chambers for fear of fires. Most of the household shared its meals in the so-called great hall, which also served as a dance floor, assembly hall, and recreation room. During the meal the lord sat upon a dais at the main table in the large, elaborately decorated and heated hall and gazed upon the members of his noble household. High-ranking clergymen often had their own small niches, but everyone else ate together at long tables. The plague epidemics that decimated the European population in the fourteenth century prompted the ruling class to avoid "commoners" and keep to themselves during meals for fear of catching something. This was compounded by the Reformation and the concomitant political and religious discord that made it dangerous to speak freely around large numbers of people. In England and France the upper classes took refuge in small dining rooms, which they called "parlors", a word borrowed from monastic architecture. For the rich, at least, eating became a very private affair with the exception of wedding banquets or other representative aristocratic dinners in the public spotlight.

¶ In the mid-nineteenth century the newly established middle class started building townhouses for itself. The Victorian townhouse, which developed in England, was a brand-new dwelling type that copied the ostentatious palaces of the elite on a small scale. Along the street these single-family homes were furnished with impressive rooms for entertaining and dining called parlors after the aristocratic state rooms they imitated.

Mit der Einrichtung expliziter Esszimmer distanzierte sich das aufstrebende Bürgertum bewusst vom Kochen und dem dort agierenden Personal. Die Küche mit all ihren toten Tieren, Gerüchen, Geräuschen und Abfällen galt in jenen Jahren als unschicklich und musste in die hinteren Bereiche der Wohnhäuser weichen, während die großzügigen Esszimmer mit Ausblick zur Straße punkteten. In den typischen viktorianischen Stadthäusern befand sich neben dem Eingang ein großes Fenster, hinter dem ein um einen Halbstock erhöhter Speiseraum lag.[6] Dort empfing man Gäste und speiste gelegentlich mit ihnen. Sonst hatte dieser Prunkraum keine Funktion. Für private Zwecke wurde er kaum benutzt, ein Konzept, das sich bis heute erhalten hat: Viele bürgerliche Haushalte verfügen über ein aufwendig ausgestattetes Esszimmer, die Familie selbst isst aber fast ausschließlich in der Küche. Der deklarierte Speiseraum ist repräsentativen Zwecken vorbehalten.

Die räumliche Trennung von Küche und Esszimmer führte unter anderem zur bis heute praktizierten Rollenverteilung zwischen Hausherr und Hausfrau bei Tisch. Architektonisch ahmte das Bürgerhaus den aristokratischen Lebensstil nach, den man sich aber aufgrund des Arbeitsaufwandes eigentlich nicht leisten konnte. Vor allem die amerikanischen EinwanderInnen litten unter dem sogenannten »Servant Problem«.[7] Um den Makel des Personalmangels zu überdecken, musste die Hausfrau in die Doppelrolle von Gastgeberin und Servierpersonal schlüpfen, zweiteres natürlich nicht vor den Augen der Gäste, sondern quasi heimlich in einem abgelegenen Teil der Wohnung, der Küche. Dennoch ließen Us-BürgerInnen, die etwas auf sich hielten, im späten 19. und frühen 20. Jahrhundert nicht von der großen Dinnerparty mit einem klassischen, französischen Fünfgangmenü ab. Bereitgestellt werden mussten diese formellen Abendessen für GeschäftspartnerInnen oder Verwandte aber oft von einer einzigen Person – der Hausfrau.

By building dining rooms, the burgeoning middle class consciously distanced itself from cooking and the servants engaged in that task. In those days the kitchen – with all its dead animals, odors, noises, and garbage – was considered unbecoming and relegated to the back rooms of the dwelling, while at the front, the spacious parlor was anything but modest. One entered the typical Victorian townhouse ascending a few steps to a level half a story above the street. The front part of this level was taken up by the stately parlor; behind it, toward the rear of the building, lay the normal dining room.[5] The parlor was the most impressive room in the house; it was for receiving guests and throwing occasional dinner parties but served no other function and was hardly used for private purposes. Even today many middle-class homes still maintain an elaborate so-called dining room for representative purposes; most of the time the family itself eats in the kitchen.

The spatial separation of the kitchen and dining room was one of the factors informing the traditional gender roles still observed at the table today. Architecturally, the middle-class house imitated the aristocratic one, calling for a lifestyle its occupants couldn't afford for lack of servants.[6] To conceal the fact that she had no hired help, the housewife slipped into the double role of hostess and servant, the latter naturally hidden from view in a distant part of the home, the kitchen. Despite this, all self-respecting late-nineteenth- and early-twentieth-century Americans continued to embrace the tradition of the grand dinner party with its classic French five-course meal. These formal dinners were expected to be served for business partners or relatives and were often prepared by the housewife alone.

6   Das sogenannte Basement, das darunter angeordnet war, beherbergte im hinteren Teil des Hauses die Küche. Der Innenhof war um einen Halbstock abgesenkt, damit dieser Nebenraum gut beliefert werden konnte.

7   Levenstein, 2003, S. 6off.

5   In the basement below, the kitchen was located at the back. It was connected to a courtyard, which was half a story lower to facilitate deliveries to the kitchen.

6   Levenstein, 2003, p. 6off.

Diese Entwicklungen verbannten die Frau nicht nur räumlich von der Mahlgemeinschaft. Sie verbrachte ein Abendessen im eigenen Haus nun damit, in einer vom Tisch weit entfernten Küche Nahrung zuzubereiten und benutztes Geschirr zu reinigen, und sie rannte ständig zwischen den Räumen hin und her, um zu servieren. Obwohl ihr damals zwei brandneue Industriezweige – moderne Küchengeräte und Fertiggerichte[8] – dabei helfen sollten, im Alleingang oder mit unzureichendem Personal ein tolles Abendessen auf den Tisch zu zaubern, war sie notgedrungen überfordert. Aus Zeitmangel trat sie ihre Rolle als Gastgeberin zunehmend an den Hausherrn ab. Dieser konnte seine Präsenz bei Tisch nutzen, um seine gesellschaftliche Stellung zu behaupten, während die Hausfrau – im Gegensatz etwa zur Meisterin oder zur Bäuerin – zur Bediensteten degradierte. An dieser Rollenverteilung hat sich im bürgerlichen Umfeld bis heute wenig geändert.

Der Einfamilienhaus-Boom, der nach dem Zweiten Weltkrieg in den Vereinigten Staaten einsetzte, führte die Hausfrau räumlich wieder an die Essenden heran. Die Küche wurde aus dem Exil zurück in den Wohnbereich geholt und meistens direkt neben dem Speisezimmer angeordnet. Durchreichen verbanden die beiden Räume optisch, oder man besann sich überhaupt der bäuerlichen Wohnküche. Durch die Wiedereinführung des kombinierten Koch-Essraumes wurde die Hausfrau – zumindest optisch – wieder in die Gemeinschaft integriert. Kochend, anrichtend oder abwaschend ist sie körperlich im Raum anwesend, also rein physisch nicht mehr ausgeschlossen. Ab den 1970er-Jahren schwappte die Idee, Kochen, Essen und Wohnen in einem Raum zu vereinen, wieder zurück nach Europa. Die Wohnküche widerspricht im Grunde den bürgerlichen Haushaltsidealen und setzt einen lockeren beziehungsweise alternativen Umgang mit Essritualen und Tischsitten voraus. Familie und Gäste bewegen sich ungezwungen zwischen Tisch und Kochstelle; Arbeiten wie Zubereiten, Aufräumen und Abwaschen werden demokratischer verteilt und in das Tischgespräch integriert.

These developments banished the woman of the house not only from the dining room but also from the company of her guests. In her own home she spent a good part of the meal in the kitchen far from the dinner table, preparing food, washing dishes, and dashing back and forth to serve the next course. And though she could fall back on two brand-new industries – modern kitchen appliances and convenience food, which promised to let her conjure up a fantastic dinner alone or with insufficient help – she was naturally overwhelmed.[7] For lack of time, she gradually relinquished her role as hostess, leaving the entertaining up to the man of the house. His presence at the table allowed him to reinforce his social position, while she – as opposed to the master craftsman's or farmer's wife – was demoted to the rank of servant. Gender roles in middle-class society have, at least at the table, changed little since then.

The single-family dwelling boom registered in the United States after World War II brought the housewife and her guests back together: The kitchen was rescued from exile and reincorporated into the living area, in fact usually directly adjacent to the dining room. One built pass-throughs, which optically connected the two rooms, or opted for the open-plan kitchen-dining-room setup common in farmhouses. By reinstating the combined kitchen-dining room, the housewife was reintegrated into the group. Since she was in the same room while cooking, serving, or washing up, she was – at least physically speaking – no longer excluded. From the 1970s on, the notion of a single room for cooking, eating, and living found its way back to Europe. Fundamentally at odds with the household ideals of the bourgeoisie, the open-plan kitchen calls for a less strict or alternative approach to eating rituals and table manners. Family members and guests move between the table and the stove, chores like prepping, cleaning up, and washing the dishes are divided up more democratically, and everyone is integrated in the dinner conversation.

---

8   *unter anderen verdankt der amerikanische Hersteller von Dosensuppen, Campbell, seinen Erfolg dem »Servant-Problem« (Levenstein, 2003, S. 60ff.)*

7   *The Campbell soup company owes its success in part to the so-called servant problem. (Levenstein, 2003, s. 60ff.)*

Die scheinbar all-täglicher Handlung, am immer gleichen Ort nach immer gleichen Regeln zu vorgegebenen Zeitpunkten - meist unter Vorsitz des ranghöchsten Mannes - zu essen, gilt als das wichtigste Ritual des familiären Zusammenlebens.

The seemingly ordinary act of eating at the same time and place everyday and according to the same rules – usually presided over by the highest-ranking male – is the most important ritual of family life.

¶ Heute verfügt jede Wohnung und jedes Einfamilienhaus über mindestens einen definierten Ort zum Essen, der nicht notgedrungen ein eigenes Zimmer sein muss. Speiseräume befinden sich in Wohnzimmern, Küchen, Dielen, Kellern und je nach Saison im Freien. Die scheinbar alltägliche Handlung, am immer gleichen Ort nach immer gleichen Regeln zu vorgegebenen Zeitpunkten – meist unter Vorsitz des ranghöchsten Mannes – zu essen, gilt als das wichtigste Ritual des familiären Zusammenlebens. Das gemeinsame Essen an einem festgelegten Ort wird zumindest zu gewissen Anlässen quer durch alle Gesellschaftsschichten praktiziert. An anderen Plätzen der Wohnung zu essen, etwa vor dem Fernseher, untergräbt dieses Gemeinschaftsritual und wird deshalb (vor allem von den hierarchisch höher Stehenden) desavouiert. Der Speisesaal, entwickelt um die Macht und Kontrolle des Abtes, Ritters oder Fürsten zu manifestieren, lebt in Form der festgelegten Speiseorte fort, wo jeder sieht und kontrolliert, was der oder die andere tut und wie viel er oder sie isst.

¶ Today all homes have at least one set place for eating, though it doesn't necessarily have to be a separate room. Dining areas can be found in living rooms, kitchens, basements, and depending on the season outdoors as well. The seemingly ordinary act of eating at the same time and place everyday and according to the same rules – usually presided over by the highest-ranking male – is the most important ritual of family life. Eating together at a designated place is something done by people of all social classes. Eating elsewhere in the home, in front of the television for example, subverts this group ritual and is therefore frowned upon (especially by those higher in the hierarchy). The dining room, which was developed to manifest the power and control of the abbot, knight, or prince, lives on in the form of the set eating place, where each person at the table sees and monitors what the others do and how much they eat.

Restaurant | Restaurant

Wirtshaus und Restaurant

Schon im alten Rom gestaltete man eigene Räumlichkeiten, um warme Mahlzeiten gegen Geld zu servieren. Allein im Stadtgebiet von Pompeji wurden 160 Kneipen und Garküchen, sogenannte Thermopolia, gefunden. Fremdgekochtes zu essen, bedeutete allerdings keineswegs Luxus, Geselligkeit und Zeitvertreib, sondern diente der alltäglichen Ernährung. Die erstandenen Speisen wurden meist rasch im Stehen auf kleinen Tischen vor dem Lokal verzehrt oder eingepackt und mitgenommen. Manche Gaststätten verfügten auch über mehr oder weniger ansprechende Speiseräume, die jedoch weder in kulinarischer noch in atmosphärischer Hinsicht einen besonders guten Ruf genossen. Gegessen wurde auf rohen Holzmöbeln, die Mosaike an den Wänden zeigten oft erotische Motive, die auf das sexuelle Angebot der Thermopolia hinwiesen. Repräsentativ speiste man zuhause. Für weibliche Gäste waren die Lokalitäten ohnehin tabu.

❡   Neben der Grundversorgung der unteren Schichten mit einfacher Kost entstand ab dem 10. Jahrhundert eine neue Art von Gaststätte, die Karawanserei. Ausgehend von Zentralasien boten diese entlang von Straßen und Reiserouten einen sicheren Ort, um zu nächtigen, die Tiere zu versorgen und zu essen. Üblicherweise fand sich alle 30–40 Kilometer eine solche ummauerte Raststation, die stets den gleichen architektonischen Prinzipien folgte: Durch ein massives Tor, das nachts verschlossen wurde, betrat man einen von Arkaden gesäumten Innenhof. In der Mitte des Hofes lag die Wasserstelle, rundherum waren die Ställe angeordnet. Darüber befanden sich im ersten Stock die Gaststube und die Schlafstätten. Die Benutzung war kostenfrei. Dank der handelsfreudigen Sultane der Rum-Seldschuken erreichte das Netzwerk der Karawansereien ab dem 13. Jahrhundert eine enorme Ausdehnung quer durch Südeuropa, Nordafrika und den Vorderen Orient.

Allein im Stadtgebiet von Pompeji wurden 160 Kneipen und Garküchen, sogenannte Thermopolia, gefunden. Fremdgekochtes zu essen, bedeutete allerdings keineswegs Luxus, Geselligkeit und Zeitvertreib, sondern diente der alltäglichen Ernährung.

160 taverns and cook-shops, so-called thermopolia, were discovered in the city of Pompeii alone. But to eat food prepared by others did not in any way imply luxury, conviviality, and diversion; it was merely a way of getting one's daily nourishment.

Pubs and Restaurants

The ancient Romans designed special rooms for serving warm meals in exchange for money. 160 taverns and cook-shops, so-called thermopolia, were discovered in the city of Pompeii alone. But to eat food prepared by others did not in any way imply luxury, conviviality, and diversion; it was merely a way of getting one's daily nourishment. The food bought at these shops was usually eaten quickly. Either one stood at small tables out front or had it wrapped up to eat elsewhere. Some shops had more or less appealing dining rooms, though their repute both in terms of atmosphere and culinary value were less than favorable. Diners ate from crude wooden furniture; the mosaics on the walls often depicted erotic motifs, making reference to the sexual services also offered there. Dining to impress was done at home. And anyway, for female customers these establishments were taboo.

❡   In addition to the shops that provided the lower classes with simple meals, a new kind of establishment emerged from the tenth century on, the caravanserai. It originated along roads or caravan routes in Central Asia and offered a safe place to spend the night, tend one's animals, and eat. Usually every thirty to forty kilometers one could find one of these walled rest stops, which always followed the same architectural principles: Passing through a massive gate, which was locked at night, one entered an inner courtyard surrounded by arcades. At the center of the courtyard was the well or fountain, and stables or niches were arranged along the inside walls. Upstairs were chambers for lodgers and a room for eating and drinking. Use was free of charge. From the thirteenth century on, the network of caravanserais expanded enormously, thanks to the Seljuk sultans of Rum, spreading throughout Southern Europe, North Africa, and the Near East.

¶ Im städtischen Umfeld entstanden Gasthäuser in unserem Sinn erst im 16. Jahrhundert, als die Wirte englischer Trinkstuben auf die Idee kamen, zu den alkoholischen Getränken auch einige passende Gerichte anzubieten. Die Angelegenheit war eher rustikal, man saß gemeinsam an großen Holztischen, gegessen wurde, was auf den Tisch kam. 1765 eröffnete in Paris ein Lokal namens »Boulanger« seine Pforten, das rückblickend gern als erstes Restaurant der Welt bezeichnet wird: eine Suppenküche, die in erster Linie der Gesundheit ihrer Gäste diente. Serviert wurden Obst, Molkereiprodukte und nahrhafte Bouillons. Letztere verliehen der neu entstandenen Institution auch ihren Namen, denn die stärkenden Suppen, die die körperlichen Kräfte »restaurieren« sollten, trugen den Beinamen »restaurant«.

¶ Ob das »Boulanger« tatsächlich existierte, ist allerdings mangels entsprechender Beweise umstritten. Nachgewiesen ist eine Pariser Lokalgründung von Mathurin Roze de Chantoiseau im Jahr 1766. Auch er wird oft als erster Restaurateur der Welt genannt.

¶ Infolge der Französischen Revolution gewannen Restaurants an Bedeutung: Die ehemaligen Bediensteten der entmachteten Aristokratie hatten durch den Umsturz ihre ArbeitgeberInnen verloren und gründeten Lokale, in denen sie ihre Dienstleistungen gegen Geld offerierten. Der noble und serviceorientierte Typ von Etablissement, wie wir ihn heute kennen, entstand. Die neue Einrichtung hatte durchaus politische Tragweite, denn sie bot erstmals in der Geschichte jeder Person – sofern sie es sich leisten konnte – die Möglichkeit, zumindest für eine Mahlzeit so zu speisen wie der Adel.

¶ Pubs as we know them today didn't start to appear in the cities until the sixteenth century, when the proprietors of public houses in England came up with the idea of offering a few dishes along with the alcoholic beverages they served. These pubs were rough, unrefined places where people sat together at large wooden tables and ate whatever was set down in front of them.

¶ In 1765 a man by the name of Boulanger opened an eponymous shop in Paris, which in hindsight is often referred to as the first restaurant in the world. It was devoted primarily to the health of its customers and served fruit, dairy products, and what he referred to as "restaurants" or "bouillons restaurants" – that is, various broths meant to restore a person's strength. Thus it was these invigorating consommés that gave the new institution its name. Whether the "Boulanger" actually existed or not is a matter of conjecture, for there is not enough evidence to support either claim. What has, however, been proven is that Mathurin Roze de Chantoiseau founded an establishment in Paris in 1766. He too is often credited with being the world's first restaurateur.

¶ The French Revolution stimulated the development of the restaurant: The social upheaval left the former servants of the disempowered aristocracy without employment. They began opening shops of their own in which they offered their services in return for money, giving rise to the noble and service-oriented type of establishment we know today. Restaurants had indisputable political implications because for the first time in history it was possible for anyone who could afford it to dine – at least for the span of a meal – like a nobleman.

Die Idee machte Schule. Schon um 1800 sollen in Paris an die 600 Restaurants existiert haben. Die jungen Betriebe unterschieden sich von den althergebrachten Wirtsstuben vor allem durch die Möglichkeit, zwischen verschiedenen Speisen auszuwählen, sowie durch ihre architektonische Gestaltung. Den einzelnen Gästen wurden individuelle Tische zugestanden, die Speisesäle mit Kunstgegenständen und aufwendigen Dekorationen geschmückt. Riesige Spiegel wurden arrangiert, um die Räume großzügiger und heller wirken zu lassen. Zwischen den einzelnen Betrieben entstand ein regelrechter Wettkampf hinsichtlich Prunk und Ausstaffierung. Als auch Frauen Zutritt zu Restaurants erhielten, entwickelten sich diese rasch zu einem beliebten Treffpunkt für allerlei Liebschaften, was die Dekorationslust nur noch weiter anspornte.

Allerdings blieb das Vergnügen eines eleganten Abendessens außer Haus lange Zeit der betuchten Oberschicht vorbehalten. Echte Breitenwirkung erzielte die Gastronomie als Freizeitvergnügen erst nach dem Zweiten Weltkrieg, und zwar zunächst in New York. Die gesellschaftliche Vielfalt des »Big Apple« resultierte in einem breit gefächerten Angebot an Lokalen, in denen man Essen aus aller Herren Länder in entsprechend gestalteten Speiseräumen konsumieren konnte. Plötzlich war es möglich zu wählen, ob man das Nachtmahl in einem japanischen Teehaus, einer neapolitanischen Pizzeria, einer Tiroler Almhütte oder auf einer mexikanischen Hacienda einnehmen wollte. Die New YorkerInnen entwickelten ein echtes Faible für Restaurants mit entsprechendem Unterhaltungswert. Bis heute spielen GastronomInnen und deren EinrichterInnen mit architektonischen Versatzstücken, um ihre Gäste nicht nur kulinarisch, sondern auch atmosphärisch für eine Mahlzeit in eine andere Realität zu entführen.

The idea spread like wildfire. It is said that by 1800 there were some 600 restaurants in Paris. This new type of eating place differed from traditional pubs not only in its architectural design but also in that it offered various dishes to choose from. Customers were given separate tables, and dining rooms were decorated with art objects and elaborate ornaments. Enormous mirrors were arranged to make the rooms appear brighter and more spacious. Fierce competition erupted between individual restaurants with each outdoing the other in terms of furnishings and splendor. Later, when restaurants began catering to women too, they soon became popular meeting places for all kinds of liaisons, which only inspired even more decorative flights of fancy.

The pleasure of going out for an elegant dinner, however, would for a long time remain a luxury only the wealthy upper class could afford. Eating out didn't become a widespread leisure activity until after World War II, and even then only in New York. The social diversity of the Big Apple contributed in no small part to the plethora of places that not only served food from every corner of the world but were also designed with interiors to match: One could choose to have dinner at a Japanese teahouse, a Neapolitan pizzeria, a Tyrolean Alpine cabin, or on a Mexican hacienda. New Yorkers developed a soft spot for ethnic dining. Even today restaurant owners and interior decorators play with architectural clichés in order to offer customers a multisensory experience for the duration of a meal.

Die billige Alternative: Diner und Cafeteria

Neben den trendigen Restaurants entwickelte sich in den Vereinigten Staaten auch noch ein zweites, völlig konträres Gastgewerbekonzept. Der Ursprung der billigen Alternative, sich mit Nahrung zu versorgen, war Walter Scotts Idee aus dem Jahr 1872, einen ausrangierten Eisenbahnwaggon zu einer mobilen Imbissbude umzubauen und abends vor der Redaktion der Zeitung Providence Journal zu postieren. Der Erfolg gab ihm Recht, und so fand Scott bald Nachahmer. 1880 designte Samuel Jones für diese Art von Imbiss erstmals Wagen mit Sitzplätzen. Der Vorteil der Diner war ihre Mobilität, sodass sie überall dorthin gebracht werden konnten, wo es KundInnen gab. Zudem servierten sie relativ einfache Gerichte, wie Sandwiches oder Kaffee, und waren dementsprechend günstig. Als man 1905 dazu überging, Diner auch stationär aufzustellen, behielt man die Eisenbahn-Optik bei. Der extrem schmale Innenraum, die meterlange, auffällig dekorierte Schank mit ihren typischen, vordem unüblichen Barhockern, die Neonröhren und Materialen wie Chrom, rotes Leder und Nieten erinnerten immer noch stark an den Innenraum eines Speisewagens. Bis heute gelten diese Elemente als Inbegriff der US-amerikanischen Gastrokultur und prägen das Design vieler Fast-Food-Lokale und Family-Restaurants. Auch wenn McDonald's, Pizza Hut und andere Ketten die individuellen Diner mittlerweile verdrängt haben, so eigneten sich Unternehmen wie Denny's, Waffle House oder Dairy Queen ganz bewusst deren Gestaltungkonzept an, indem sie die charakteristischen Edelstahl- und Art-déco-Elemente übernahmen.

The Cheap Alternative: Diners and Cafeterias

In addition to the trendy restaurant, a completely different food provision concept emerged in the United States in 1872 when Walter Scott converted a decommissioned railroad car into a kind of chuck wagon that he would park outside the Providence Journal newspaper office in the evenings. The so-called diner offered a cheap bite to eat and business was so lucrative that people soon started copying Scott. In 1880 Samuel Jones designed the first dining cars with seating. The advantage of this new type of snack bar was its mobility, allowing it to be taken wherever the customers were. Moreover, their typical fare was relatively simple – sandwiches or coffee – and their prices correspondingly cheap. Even after diners started becoming stationary around 1905, they still retained their railcar look. The extremely narrow interiors, the long eye-catching counters with their novel – soon to be typical – stools, the neon lights, and materials like chrome, red leather, and upholstery tacks were all still strongly reminiscent of the interiors of railway dining cars. Even today these elements are hallmarks of American culinary culture and influence the design of many fast-food and family restaurants. Even if McDonald's, Pizza Hut, and other chains have meanwhile edged out the individual diner, other restaurants like Denny's, Waffle House, or Dairy Queen have consciously adopted the diner's design concept by incorporating its characteristic stainless steel and art deco elements.

Der zweite Impulsgeber für die Fast-Food-Architektur war – abgesehen vom Diner – die Cafeteria. Das »Exchange Buffet«, das 1885 gegenüber der New Yorker Börse eröffnete, war das erste Selbstbedienungsrestaurant überhaupt und anfänglich nur für eine männliche Klientel zugänglich. Man(n) stellte sich entlang eines Tresens an, bestellte, zahlte und trug sein Essen selbst zu einem Stehtisch. Den Namen »Cafeteria« prägte acht Jahre später John Kruger, der sein Stehbuffet bei der World's Columbian Exposition in Chicago schlicht nach der spanischen Bezeichnung für Café benannte. Den letzten entscheidenden Baustein erhielt das Design der Cafeteria von den Brüdern Samuel und William Childs: Sie führten 1898 in der Broadway-Filiale ihrer Kette »Childs-Restaurants« das Tablett und den dazu passenden Buffettisch mit »Schienen« ein. Die Personal sparende Theke, an der die Gäste ihre eigenen Tabletts an den Speisen entlangschieben und sich selbst bedienen, nutzen bis heute Millionen Mensen, Kantinen, Raststätten, Almhütten, Fast-Food- und Automatenlokale überaus erfolgreich.

After the diner, the second source of inspiration for fast-food restaurant architecture was the cafeteria. The "Exchange Buffet", which opened up across the street from the New York stock exchange in 1885 and originally catered only to men, is often credited with being the first self-service restaurant. The customer walked along a buffet counter, ordered his food, and carried his lunch to a high-top table. The name "cafeteria" was coined eight years later by John Kruger, who at the World's Columbian Exposition in Chicago named his buffet after the Spanish word for coffee shop. The cafeteria was given its last major feature – after self-service and its name – by the Childs brothers, Samuel and William, in the form of a novel design improvement: In 1898 they introduced the tray and a so-called tray line at the Broadway location of the Childs Restaurants chain. The low-labor, self-service format with its tray line that customers use to slide their trays along the buffet counter and serve themselves is meanwhile being employed successfully by millions of cafeterias, canteens, fast-food as well as vending machine restaurants.

¶ Abgesehen von der Einführung der »Tray Line« und dem spottbilligen Essen verdankten die Childs-Brüder ihren US-weiten Durchbruch vor allem der Idee, Sauberkeit zum Design-Parameter zu erheben. In den Jahren tödlicher Lebensmittelskandale und der berechtigten Sorge, in Gaststätten mit vergammeltem Fleisch vergiftet zu werden, fliesten sie ihre Restaurants vollständig in Weiß aus und kochten in einer »offenen Küche«, die den KonsumentInnen erlaubte, ebendort die Hygienestandards zu überprüfen. Die strahlend weißen, glatten Innenräume überzeugten die Kundschaft derart, dass in den 1920er- und 1930er-Jahren in den USA 125 vollkommen gleich ausgestattete Filialen eröffneten. Nach wie vor bilden leicht zu reinigende Oberflächen aus Nirosta, Fliesen und Resopal ein zentrales Gestaltungselement der Fast-Food-Architektur und vermitteln den Gästen bis heute das Gefühl, dass ihr Essen mit größter Sorgfalt zubereitet wurde.

¶ In addition to the tray line innovation and the extremely economical price, the Childs brothers owe their nationwide breakthrough above all to the idea of turning cleanliness into a design parameter. In an age of deadly food scandals and the legitimate fear of being poisoned by spoiled restaurant meat their cafeterias boasted white tile walls and floors and "open kitchens" to assure the customer that state-of-the-art standards of hygiene were being met. The sleek spotless white interiors were so convincing that the company opened 125 absolutely identical restaurants in the United States during the 1920s and 1930s. Today, easy-to-clean surfaces made of stainless steel, tiles, and Formica are still one of the main design elements in fast-food architecture. They convey to the customer that his or her meal has been prepared with the utmost care.

Standardisierung von Essen und Architektur: das Fast-Food-Restaurant

Fünfzehn Jahre nachdem Upton Sinclair in seinem Roman »The Jungle« (1906) die furchtbaren hygienischen Zustände in den Schlachthöfen Chicagos offengelegt und damit der US-Bevölkerung berechtigte Angst vor dem Verzehr von Rindfleisch eingejagt hatte, eröffnete in Kansas das Burger-Restaurant »White Castle«. Nicht von ungefähr setzte daher auch »White Castle« nach dem Vorbild von »Childs-Restaurants« auf symbolische Sauberkeit. Außen war das Gebäude einer Burg nachempfunden, deren Fassade aus weiß glänzendem, mit Email überzogenem Porzellan bestand. Im Innenraum dominierte klinischer Nirosta-Stahl, das Personal trug blitzsaubere Uniformen. Insgesamt glich das Ambiente eher einem Spital als einer herkömmlichen Gaststätte. Die offene Küche funktionierte mit ihren immer gleichen Arbeitsabläufen wie eine blank geputzte Fabrik. Vereinheitlichte Kochmethoden im glänzenden Niro-Look vermittelten den Konsument-Innen das angenehme Gefühl von umfassender Reinheit und gaben ihnen die Sicherheit, in allen »White Castle«-Restaurants Amerikas exakt die gleichen Speisen zu erhalten. Das Unternehmen gründete in den folgenden Jahren eigene Bäckereien, Fleischereien und Saucenhersteller, die an alle Filialen normierte Komponenten zur Burger-Zubereitung auslieferten. Essen und Architektur wurden gemeinsam standardisiert. 1934 nahm »White Castle« die Firma »Porcelain Steel Buildings« in Betrieb, die Fertigteile aus Stahl, Porzellan und Email zur Errichtung und Ausstattung der Restaurants erzeugte.

Standardization of Food and Architecture: The Fast-Food Restaurant

Fifteen years after Upton Sinclair's book "The Jungle" revealed the frightening hygienic conditions in Chicago's meat packing industry and gave Americans good reason to be afraid of eating beef, the White Castle hamburger chain opened for business in Kansas. It was no coincidence that White Castle adopted the Childs Restaurant format of symbolic cleanliness. The exterior was designed to look like a castle whose façade was made of shiny white porcelain enamel. The interior was primarily hygienic stainless steel, and the employees wore spotless white uniforms. The general atmosphere felt more like a hospital than a typical restaurant. The open kitchen with its monotonous sequence of motions functioned like a well-polished factory. Standardized cooking methods together with the shiny stainless-steel look conveyed a pleasant sense of overall cleanliness and the reassurance that consumers received the exact same meals in every White Castle restaurant in America. In the years to come the company founded its own bakeries, butcher shops, and sauce-production plants which provided all the locations with the same ingredients for making their burgers. Food and architecture were standardized at one fell swoop. In 1934 White Castle launched the company Porcelain Steel Buildings to produce the prefabricated steel, porcelain, and enamel components necessary for building and appointing White Castle restaurants.

Die Gestaltungselemente von Diner, Cafeteria und Burger-Restaurants wie »White Castle« sind heute zum Inbegriff vor allem einer Marke geworden: McDonald's. 1937 eröffnete Patrick McDonald in Monrovia/Kalifornien einen Hamburgerstand namens »The Airdrome«, den seine beiden Söhne 1940 in das 40 Kilometer entfernte San Bernardino verlegten und in »McDonald's Bar-B-Q« umbenannten. 1948 hatten sie daraus ein streng standardisiertes Selbstbedienungsrestaurant mit extrem kleiner Speisenauswahl und dem neuen Namen »McDonald's« gemacht. Sie kombinierten die Design-Konzepte ihrer Vorgänger, von der Selbstbedienungstheke über die offene Küche bis hin zum sterilen Ambiente mit den hygienisch glatten Oberflächen, und perfektionierten sie.[1]

1   *Was die McDonald-Brüder ausfeilten, war auch der besonders schnelle und effiziente Kundenservice, den sie selbst »Speedee« nannten. Wartezeiten vor dem Essen sollten der Vergangenheit angehören. Dass McDonald's erst 1975 ein »drive-thru window« eröffnete, ist in diesem Zusammenhang eigenartig, wurde die Methode, eine Mahlzeit zu bestellen, ausgehändigt zu bekommen und zu essen, ohne das Auto verlassen zu müssen, doch schon 1931 in Texas von der dortigen »Pig Stand Chain« ausprobiert.*

Today the design elements of diner, cafeteria, and hamburger restaurants like White Castle are most perfectly embodied by one mighty brand: McDonald's. In 1937 Patrick McDonald opened a hamburger stand in Monrovia, California, and called it "The Airdrome". In 1940 his two sons moved it forty kilometers east to San Bernardino and changed its name to "McDonald's Bar-B-Q". By 1948 they had turned it into a strictly standardized self-service restaurant with an extremely small menu and renamed it simply McDonald's. They combined the design concepts of their precursors — from the self-service counter to the open kitchen to the sterile atmosphere with its hygienically sleek surfaces — and perfected them. Another improvement attributed to the McDonald brothers was their especially fast and efficient customer service, which they dubbed the "Speedee Service System". Waiting for one's food was to become a thing of the past.[1]

1   *The fact that McDonald's didn't open its first drive-thru window until 1975 seems odd, since the Pig Stand chain had already made ordering a meal, getting, and eating it without leaving your car a tried and true method in Texas by 1931.*

Essen Unterwegs
Eating On the Go

Picknick

Bauern und Bäuerinnen oder SoldatInnen essen notgedrungen unter freiem Himmel, wo immer es gerade Not tut: am Feld, an der Straße, mitten im Wald. WanderInnen hingegen genießen ihre Jause an ausgewählten Plätzen: am Bach, auf der Wiese oder der Bergspitze. Die Idee, unter geordneten Bedingungen – sprich: schönes Wetter und schöne Umgebung – im Freien zu speisen, war bereits in der Antike bekannt. Die Griechen nannten ihr Picknick »eranus«, und die Römer sprachen von »prandium«, wenn sie ein Plätzchen Natur okkupierten, um dort zu essen. Später, in der Barockzeit, zeigten sich Adelige besonders trendy, wenn sie wie die Bauernschaft draußen auf offenem Feld dinierten. Marie Antoinette soll »pique-niques« genauso geliebt haben wie die englische Königin Victoria. Im Zuge der Französischen Revolution begann auch das Bürgertum an der aristokratischen Tradition der Picknicks Gefallen zu finden. Es bemächtigte sich jener Grünflächen, die zuvor noch Privatbesitz des Adels gewesen waren – und aß dort. Von den oberen Zehntausend wurde sowohl die Sitte, ganz leger direkt auf der Wiese Platz zu nehmen, als auch die Idee, dass alle Teilnehmenden einen Beitrag zu Essen und Entertainment leisten, übernommen. In seinem Roman »Nana« beschrieb Emile Zola noch eine andere Form von Picknicks: Die mitgebrachten Speisen wurden dabei nicht im Freien, sondern in aneinandergereihten Kutschen verspeist. Die Damen blieben in den Gefährten sitzen, während die Herren von Wagen zu Wagen flanierten, ihre Aufwartung machten, etwas tranken und einen Happen zu sich nahmen.

Um das bürgerliche Essritual mit Tisch, Sessel, Tellern, Gläsern und Besteck auch an den denkbar ungeeignetsten Orten umzusetzen, wird oft großer Aufwand betrieben.

We take great pains to perform the middle-class eating ritual replete with tables, chairs, plates, glasses, and other utensils even in the most unlikely places.

Picnic

When farmers and soldiers eat outdoors, it's because they have to: on a field, along the road, in the woods. Hikers, on the other hand, choose special spots to enjoy their provisions: along a stream, in a meadow, or at the top of a mountain. The idea of enjoying a meal outdoors under the right circumstances is as old as antiquity. The Greeks called their picnic "eranus" and the Romans spoke of "prandium" in reference to a meal in nature. Later, in the Baroque period it became trendy for aristocrats to dine outdoors on an open field like peasants. Marie Antoinette was said to have adored "piqueniques" as much as Queen Victoria of England. During the French Revolution the bourgeoisie developed a fondness for the aristocratic affectation of the picnic. The grounds that had previously been the private property of the aristocracy were now up for grabs, and the burghers staked their claim and ate there. They adopted not only high society's practice of sitting casually on the grass but also the concept that all participants should contribute a share of the food and entertainment. In his novel Nana, Emile Zola describes a different form of the picnic: The dishes brought along were not consumed outdoors but inside carriages. The ladies remained seated in their coaches while the gentlemen strolled from vehicle to vehicle, dropping in for a drink and a bite to eat

Die Decken oder Tischtücher dienen im Regelfall dazu, ein Stück öffentlichen Raums einzugrenzen und ihn damit vorübergehend zum Privatbesitz zu erklären.

Blankets or tablecloths generally serve the purpose of delimiting a parcel of public space, temporarily declaring it one's own.

❡ Das Wesen des Picknicks lebt von der Faszination, sich einen (Frei-)Raum anzueignen und für die Dauer einer Mahlzeit zu besetzen. Die Okkupation erfolgt mittels bestimmter Gegenstände, die ein Stück Natur kurzfristig in ein Speisezimmer verwandeln. Die Ausstattung für ein Picknick kann von einer einfachen Picknickdecke bis hin zu Gläsern, Silberbesteck, Klapptischen und -stühlen, die quer durch die Landschaft getragen werden, variieren. Die Decken oder Tischtücher dienen im Regelfall dazu, ein Stück öffentlichen Raums einzugrenzen und ihn damit vorübergehend zum Privatbesitz zu erklären. Picknickdecken vereinen die Funktionen von Tisch, Teller und Sitzmöbeln. Sie dienen als Auflage für das Geschirr und die mitgebrachten Gerichte sowie als Sitz- beziehungsweise Liegeunterlage.

❡ Der elitäre Brauch, Porzellan, Champagner und Delikatessen von Lakaien in großen Körben herumschleppen zu lassen, wird heute mangels Personals kaum noch praktiziert. Geblieben ist allerdings der Picknickkorb, der für Ausflüge ohne Dienstboten allerdings denkbar unpraktisch ist: Schwer und unhandlich, enthält er Geschirr, das für horizontale Tischplatten, nicht aber für unebene Grünflächen gemacht ist.

❡ Aufwendig ausgestattet begehen große Teile der japanischen Bevölkerung das alljährliche Kirschblütenpicknick. Im Regelfall treffen sich Familien sowie ArbeitskollegInnen einmal pro Jahr unter einem blühenden Baum, um gemeinsam zu essen, zu trinken und zu feiern. Bereits frühmorgens herrscht Gerangel um die besten Plätze, die von einer Vorhut (meist PraktikantInnen oder andere hierarchisch untergeordnete Personen) mit einer blauen Kunststoffplane belegt werden. Um zu verhindern, dass Fremde den auserwählten Platz betreten, wird er zusätzlich mit mobilen Zäunen aus rot-weißen Plastikbändern abgesperrt. Abends nach der Arbeit folgt der Rest der Gruppe mit Dieselgenerator, Musikanlage, Kühlschrank und großen Scheinwerfern, die nach Einbruch der Dunkelheit die Kirschblüten beleuchten. Leere Pappkartons werden als Tische aufgestellt, und per Mobiltelefon werden Essen und Alkohol geordert.

❡ The essence of the picnic lives from the fascination of taking possession of a (free) space and occupying it for the span of a meal. This occupation is achieved with the help of specific objects that temporarily transform a piece of nature into a dining room. The elitist custom of having large baskets of porcelain, champagne, and delicious treats carried by footmen is hardly practiced anymore for lack of hired help. What remains is the picnic basket, which couldn't be more impractical for outings without servants: Heavy and unwieldy, they hold dishes that were made for flat tabletops rather than uneven grassy surfaces.

❡ Picnic paraphernalia, which is carried across the countryside, can range from a simple picnic blanket to glasses, silverware, or folding tables and chairs. Blankets or tablecloths generally serve the purpose of delimiting a parcel of public space, temporarily declaring it one's own. A picnic blanket combines the functions of the table, plates, and chairs. It becomes a surface upon which to place the dishes and food as well as to sit or recline before, during, or after the meal.

❡ Fully equipped for the occasion, much of the Japanese population attends the annual cherry blossom picnic. It is customary for families and coworkers to gather under the flowering trees to eat, drink, and celebrate. The run for the best spots begins early in the morning when the scouts (usually interns or some other low person on the totem pole) are sent out to reserve places. They spread out a blue plastic tarp and stake off their territory with plastic cordons. The "place holders" are joined at the end of the workday by the rest of the group along with diesel generators, boom boxes, refrigerators, and floodlights to illuminate the cherry blossoms in the fading daylight. Empty cardboard boxes are set up as tables, and food and alcohol are ordered by cell phone.

Essen unterwegs – auf Reisen, im Freien, an ungeeigneten Orten

Um das bürgerliche Essritual mit Tisch, Sessel, Teller, Gläsern und Besteck auch an den denkbar ungeeignetsten Orten umzusetzen, wird oft großer Aufwand betrieben. Zu diesem Zweck werden eigene Gegenstände, Geräte und Hilfsmittel entwickelt und Innenräume aufwendig adaptiert. Ausgehend von den Vereinigten Staaten etablierte sich Ende des 19. Jahrhunderts die Idee, während der Fahrt in Zügen zu essen – und später auch zu schlafen. Auf langen Strecken fuhren ausgewiesene Speisewagen mit, wobei die Bahnbetreiber einen harten Konkurrenzkampf darüber ausfochten, wer seiner Klientel das beste Essen und das komfortabelste Ambiente bieten könnte. Bei der Auswahl des Interieurs, des Geschirrs, des Services und der Küche standen die noblen Restaurants in Europa Pate. Nur die vor den Fenstern vorüberziehende Landschaft und das leichte Rumpeln sollten daran erinnern, in einem Zug zu sitzen.

⁋   Im Grunde versuchten die noblen Dining Cars das Unmögliche, indem sie den imperialen Speisesaal in einen schmalen Eisenbahnwaggon quetschten. Nichtsdestotrotz hängt man auch in moderneren Fortbewegungsmitteln wie Flugzeugen einer abgespeckten Version dieses Ideals nach. Ungeachtet der extremen Enge, montieren Fluglinien winzige, wackelige Klapptische an den jeweiligen Vordersitz, um ihren Gästen den vermeintlichen Luxus eines »richtigen« Essens zu gönnen. Sie servieren ihnen Gläser, Besteck und Geschirr, das für den Gebrauch in der Economy Class eigentlich zu groß und unhandlich ist, und fordern sie auf, mit Messer und Gabel zu hantieren, obwohl das die eingeschränkte Ellbogenfreiheit gar nicht zulässt.

Eating On the Go – Traveling, Outdoors, Unsuitable Places

We take great pains to perform the middle-class eating ritual replete with tables, chairs, plates, glasses, and other utensils even in the most unlikely places. To this end we develop special objects, devices, and tools and elaborately adapt interiors. Dining spaces designed for ships and trains imitate the aristocratic dining room. The idea of eating on trains (and later sleeping, too) started in the United States and was well established by the late nineteenth century. Dining cars were offered on long-distance routes, with railway companies vying to provide the best food and most comfortable atmosphere. The interior design and selection of dishes, services, and food were inspired by posh European restaurants. Only the passing landscape and the gentle rumble of the wheels on the tracks reminded the passenger of being on a train.

⁋   Luxury dining cars were basically attempting the impossible by squeezing the imperial dining room into a narrow railway car. And a pared-down version of this ideal still resurfaces in more modern forms of transportation, like airplanes. Despite the cramped space, airlines install flimsy fold-out tables on the seat in front of each passenger so we can indulge in the would-be luxury of a "proper" meal. They give us glasses, silverware, and dishes that are actually too big for use in the economy section and expect us to manage a knife and fork although the limited elbow room makes this virtually impossible.

Am Gehsteig Campingmöbel aufzubauen und dort das Frühstück einzunehmen, löst bei den Vorübergehenden Befremden aus. Isst man hingegen an derselben Stelle in einem Gastgarten, der vom Rest der Straße durch Zäune, Pflanzen oder Sonnenschirme deutlich abgegrenzt ist, bewegt man sich innerhalb der gesellschaftlichen Normen.

If one were to set up camping furniture on the sidewalk and have breakfast, passersby would certainly shake their heads, but eating on the same spot at a sidewalk café that is clearly set off by fences, plants, or large parasols is perfectly within the bounds of social norms.

Gastgarten

Ob ein Ort für das gemeinsame Essen als geeignet oder ungeeignet eingestuft wird, ist auch eine Frage seiner Gestaltung. Während EuropäerInnen die Vorstellung eher makaber finden, ein Gelage auf einem Friedhof abzuhalten, spielten sich Totenbankette im alten Ägypten direkt in oder neben der Nekropole ab. Dabei handelte es sich keineswegs um leises, andächtiges Kauen im kleinen Rahmen: Chronisten berichten von Musikanten und eigens engagiertem Servierpersonal.[1] Bis heute folgt die orthodoxe Tradition dem Brauch des gemeinsamen Essens auf Gräbern.

¶ Auf dem Gehsteig Campingmöbel aufzubauen und dort das Frühstück einzunehmen, löst bei den Vorübergehenden Befremden aus. Isst man hingegen an derselben Stelle in einem Gastgarten, der vom Rest der Straße durch Zäune, Pflanzen oder Sonnenschirme deutlich abgegrenzt ist, bewegt man sich innerhalb der gesellschaftlichen Normen. Die Idee des Gastgartens ist alt. Vermutlich besteht bereits seit der Kultivierung von Wein die Möglichkeit, sich vor dem Haus eines Winzers einen Humpen zu vergönnen. Größere Freiräume, die dezidiert dem Essen und Trinken gewidmet sind, entstanden allerdings erst im 19. Jahrhundert, und zwar in München. Um auch im Sommer untergäriges Bier herstellen zu können, legten die Brauereien in den Flussterrassen der Isar tiefe Keller an, die mit Hilfe von Eis gekühlt wurden. Direkt vor den Kellern bildeten sich rasch Biergärten, in denen man auch im Sommer gut gekühltes Bier genießen konnte. Die typischen Elemente dieser Gartenwirtschaften – Kiesbelag und Kastanienbäume – beeinflussen noch heute die Gestaltung von Gastgärten. Beide erfüllten zunächst funktionale Zwecke: Der Kies isolierte und senkte die Temperatur in dem darunter liegenden Keller. Und die flachen Wurzeln der Kastanienbäume beschädigten die Gewölbe nicht, während die ausladenden, sehr dicht bewachsenen Kronen in den heißen Sommermonaten optimal Schatten spendeten.

1   Loeben, in: Eidam, Grotkamp-Schepers, Heise, Schepers, 2008, S. 44

Sidewalk Cafés and Co.

Whether a place is deemed adequate for sharing a meal depends on cultural conventions as well as design. Whereas the notion of celebrating a banquet in a cemetery might seem morbid to Catholics, ancient Egyptians had feasts directly in or near their necropolises. These were by no means quiet, solemn rituals observed by just close relatives and friends. Chroniclers write of musicians and servants hired specifically for the occasion.[1] In the Orthodox tradition it is still customary to gather amongst the graves to share food.

¶ If one were to set up camping furniture on the sidewalk and have breakfast, passersby would certainly shake their heads, but eating on the same spot at a sidewalk café that is clearly set off by fences, plants, or large parasols is perfectly within the bounds of social norms. The idea of outdoor seating in eating establishments is nothing new. Ever since man began cultivating wine it has presumably been possible to enjoy a mug of the beverage directly outside the vintner's house. It wasn't, however, until the nineteenth century that larger outdoor areas dedicated to eating and drinking began popping up, first and foremost in Munich. In order to produce lagers even during the hot summer months, breweries dug deep cellars into the river terraces of the Isar and cooled them with the help of ice. On top of these cellars they opened beer gardens where guests could enjoy a cool brew even in the middle of summer. Gravel and chestnut trees, the typical elements of the beer garden, still influence the design of such outdoor operations today. Originally they both served practical purposes: The gravel provided insulation and lowered the temperature in the cellars below. The shallow roots of the chestnut trees didn't damage the cellar's vaults, while the spreading branches and dense foliage provided optimal shade.

1   Loeben, in: Eidam, Grotkamp-Scheper, Heise, Schepers, 2008, p. 44

Überspitzt formuliert, ist der perfekte Speiseplatz jener Ort, von dem aus wir alle Anwesenden überblicken, selbst aber nicht gesehen werden.

By way of exaggeration, the perfect dining place might be described as one that gives you a good view of everyone in the room while you yourself remain invisible.

Der perfekte Speiseplatz

Um zu essen, bevorzugen wir Räume, die Entspannung bieten. Da wir uns nur an Orten fallen lassen können, an denen wir uns entsprechend geschützt fühlen, ist Sicherheit der zentrale Faktor für eine angenehme Essatmosphäre. Allerdings schwanken wir zwischen unterschiedlichen Aspekten von Sicherheit hin und her. Auf der einen Seite suchen wir nach Geborgenheit im Sinne der Mutterleibserfahrung, also nach finsteren, engen Räumen. Übersetzt in die Design-Sprache bedeutet das dunkle Farbtöne, gedämpftes Licht, dumpfe Geräusche und weiche Materialien. Auf der anderen Seite geben uns aber auch Überblick und Sauberkeit ein Gefühl von Sicherheit, also große, helle Räume mit gutem Ausblick. Auf Speisesäle umgelegt bedeutet das: große Fenster, hohe Decken, gute Beleuchtung, offene Küchen, helle Farben, glatte, glänzende Oberflächen und eine klare Geräuschkulisse. Überspitzt formuliert, ist der perfekte Speiseplatz jener Ort, von dem aus wir alle Anwesenden überblicken, selbst aber nicht gesehen werden.

The perfect Dining Place

When we eat, we prefer spaces that let us relax. Since we can only let down our guard in places where we do not feel threatened, security is the main criterion for a pleasant eating atmosphere. Having said that, it is also true that we vacillate between varying aspects of security. On the one hand we long for the safety of the womb, in other words for dark, confined spaces. In design terms that means somber colors, dim lighting, muffled sounds, and soft materials. On the other hand, a good vantage point and cleanliness also give us a sense of security, for example bright spaces with a good view. That translates to dining rooms with large windows, high ceilings, good lighting, open kitchens, light colors, smooth, shiny surfaces, and clearly defined background noise. Thus by way of exaggeration, the perfect dining place might be described as one that gives you a good view of everyone in the room while you yourself remain invisible.

Andere Faktoren sind kulturspezifisch. Architektonisch prägen in Europa nach wie vor der Rittersaal und die aristokratische Dining Hall die Innenraumgestaltung von Speiselokalen. Die Restaurants sind groß und übersichtlich und vermitteln das Gefühl, an einer Mahlgemeinschaft teilzunehmen, auch wenn nur die wenigsten Gäste einander tatsächlich kennen. In Japan dagegen schätzt man auch im Luxusrestaurant den Komfort einer Privatsphäre, als ob man zu Hause in den eigenen vier Wänden dinieren würde. Traditionelle Lokale bestehen aus vielen kleinen, oft fensterlosen Zimmern, die mit Tatami-Matten ausgelegt sind und nur einen Tisch beherbergen. Die einzigen fremden Gesichter, die man während eines Restaurantbesuchs zu sehen bekommt, sind jene des Servierpersonals. In Imbisslokalen werden Kojen ähnlich wie Telefonzellen angeboten, damit Personen, die alleine essen, keinen fremden Blicken ausgesetzt sind. In Europa punkten Lokale dagegen mit weiten, offenen Räumen, mit Licht und Ausblick. Aber auch hier kennt man die Vorliebe, in dunklen, höhlenartigen Räumen zu essen – das Kellerstüberl zeugt davon.

Darüber hinaus hat die Gestaltung des Raumes direkte Auswirkungen auf die Essgeschwindigkeit, und sie kann die verzehrte Kalorienmenge steuern. In einer Studie hat der amerikanische Ernährungswissenschaftler Brian Wansink festgestellt, dass grelles Licht und schnelle Musik zu schnellerem Essen führen. Schall, Beleuchtung, harte Oberflächen, mangelnde Belüftung und wenig Ausblick reduzieren die Verweildauer auf ein Minimum, erhöhen aber gleichzeitig die Kauffrequenz. Läuft hingegen leise Musik, sind die Oberflächen weich und dämpfend, ist man von Fenstern, Pflanzen, Bildern und Textilien umgeben, isst man langsamer und daher weniger. Dafür bleibt man länger sitzen, trinkt tendenziell mehr und bestellt unter Umständen auch noch ein Dessert.[1]

1   Wansink, 2008, S. 90ff

Some factors are culturally specific. Architecturally, the interior design of food establishments in Europe is still influenced by the great hall and the aristocratic parlor: They tend to be large with a clear layout and convey a sense of being part of a big group of people sharing a meal, even if only very few customers actually know each other. In contrast, in Japan even in a fancy restaurant one appreciates the comfort of privacy, as if one were dining at home. Traditional restaurants consist of many small, often windowless rooms with tatami mats on the floor and a single table. The only unfamiliar faces one sees all evening are those of the waiters or waitresses. Informal restaurants sometimes offer enclosures similar to phone booths so people eating alone are not subject to stares or unwanted attention. In Europe people like large, open spaces with plenty of light and a view. But even here, converted cellars demonstrate the appeal of eating in dark, cave-like spaces.

Finally, the design of a room directly affects how fast we eat and can control how many calories we consume. In a study, US nutritional scientist Brian Wansink showed that harsh lighting and fast music increase our consumption rate. Noise, glaring light, hard surfaces, a lack of ventilation, and a lack of (or limited) view minimize the duration of a meal but at the same time increase the number of chews per bite. Soft music, cushy surfaces, the presence of windows, plants, pictures, and textiles all decrease our eating rate, causing us to eat less during a given period. On the other hand these factors generally cause people to linger and enjoy an unplanned dessert or an extra drink.[1]

1   Wansink, 2004, p. 90f.

Kleidung | Attire

Kleidung

Ob Cocktailkleid, Badeanzug oder Lederhose: Die Gestaltung der direkten Essumgebung umfasst nicht nur Tischwäsche, Geschirr und Dekoration, sondern sie schließt neben der Sitz- auch die Kleiderordnung mit ein. Während manche Modestücke und Accessoires – etwa Sonnenbrillen oder Schirmkappen – beim Essen als unpassend eingestuft werden, sind andere besonders gern gesehen. Von Männern wird oft verlangt, ein längliches, schalartiges Tuch in fix vorgegebener Weise um den Hals zu knoten: Krawatte oder Langbinder sind eigentlich militärischen Ursprungs. Schon die römischen Legionäre trugen ein Halstuch, um im Feld den Nacken zu schützen. Die Offiziere des Dreißigjährigen Krieges benutzten farbige Halsbinden, um anzuzeigen, für welche Seite sie kämpften. Zum aristokratischen Modeaccessoire erhob sie der Legende nach der französische König Ludwig XIV. Als 1663 ein kroatisches Regiment zu seinen Ehren vor Versailles aufmarschierte, stachen ihm angeblich die bunten, am Hals mit einer Schleife gebundenen Tücher der Soldaten ins Auge. Er übernahm, so die Geschichte, das geknotete Stoffstück und taufte es nach den Kroaten »cravate«.

Attire

No matter what the situation – cocktail dress, swimsuit, or Bermuda shorts – the design of the immediate dining surroundings does not involve just table linens, dishes, and decorations but also includes seating arrangements and dress codes. Whereas some fashion items and accessories – sunglasses or baseball caps – are considered inappropriate at the table, others are more than welcome. Men are often required to tie a long, scarf-like cloth about their necks in a certain prescribed manner: Neckties can be traced back to their military origin. Roman legionaries wore a scarf in the field to protect their necks from chafing. During the Thirty Years' War officers used colored neckbands to show which side they were fighting for. According to legend, King Louis XIV of France turned them into an aristocratic fashion accessory: In 1663 when a Croatian regiment marched in front of the castle of Versailles in his honor, their bright red neckerchiefs tied with a bow at their throats caught his eye. He adopted the knotted strip of fabric and named it "cravate" after the Croatians.

Während manche Modestücke und Accessoires - etwa Sonnenbrillen oder Schirmkappen - beim Essen als unpassend eingestuft werden, sind andere besonders gern gesehen.

Whereas some fashion items and accessories – sunglasses or baseball caps – are considered inappropriate at the table, others are more than welcome.

Blaumänner,
Arbeitsmäntel,
Schürzen, Helme,
Mundschutz und
Ohrenschützer
werden nach Mög-
lichkeit abgelegt,
sobald man sich
zu Tisch begibt.

Overalls, work coats,
aprons, helmets, dust
masks, and earplugs
are, if possible, set
aside when one sits
down at the table.

Was bei Tisch im wahrsten Sinn des Wortes tragbar ist und was nicht, ist natürlich eine Frage der Kultur und des sozialen Umfelds. Die europäischen Gepflogenheiten zum Beispiel regeln relativ strikt, welche Körperteile beim Essen mit Textilien zu bedecken sind und welche nicht. Wenige Kulturen akzeptieren beim Essen offen zur Schau getragene Geschlechtsteile. In der westlichen Hemisphäre haben Frauen zudem ihre Brüste und Männer ihren Oberkörper zu verstecken. Als unfein gilt vielerorts auch, sich mit unbedeckten Fußsohlen zu Tisch zu begeben, wie die Verpflichtung zum Tragen von Socken oder das Verbot von Sandalen oder Flipflops in so manchem Restaurant beweisen.

Hände, Kopf und vor allem das Gesicht sollen hingegen möglichst offen zur Schau getragen werden. Da eine Mahlgemeinschaft grundsätzlich eine friedliche Versammlung ist, bei der selbst erklärte Feinde ihre Fehde für den Zeitraum der Nahrungsaufnahme unterbrechen, sind Waffen oder Rüstungen bei Tisch naturgemäß tabu. Männliche Teilnehmer nehmen vertrauensvoll den Helm ab und zeigen ihren Kopf unbedeckt. Den Hut bei Tisch aufzubehalten, galt jedoch bis ins 18. Jahrhundert, vor der Entwicklung der bürgerlichen Tischsitten, keineswegs als unhöflich.[1] Im Wirtshaus ist das Speisen mit Kopfbedeckung auch heute in gewissen Regionen, wie zum Beispiel Bayern, nach wie vor noch üblich. Damen dürfen Hüte, Schleier oder anderen Kopfschmuck ohnehin aufbehalten, weil sie einen Teil der Frisur bilden, die mit der Entfernung zerstört wäre. Das Tragen von Schirmkappen oder Sonnenbrillen während des Essens ist dagegen unerwünscht. Diese verdecken Augen und Brauen und damit die Mimik des Gegenübers, sodass man sich dessen friedlicher Absichten nicht mehr nachhaltig versichern kann.

1   Döbler, 2000, S. 159

What is and is not acceptable at the table is of course a matter of culture and social milieu. European conventions, for example, are relatively strict about which body parts are and are not to be covered by garments during the meal. Few cultures accept exposed primary genitalia while eating. In the Western hemisphere women are expected to conceal their breasts and men their upper torsos. In many places it is also considered bad taste to dine sockless, as can be seen in certain restaurants that prohibit customers from wearing sandals, or flip-flops, and even shoes without socks.

In contrast, the hands, head, and above all the face should be left exposed. When people come together to dine, it is basically a peaceful gathering in which even declared enemies discontinue their feud for the duration of the meal. Weapons or armor at the table are thus naturally taboo. Men remove their helmets in a gesture of trust, exposing their bare heads. Well into the eighteenth century, however, it was by no means impolite to keep one's hat on at the table, and people only stopped doing so as bourgeois table manners became more sophisticated.[1] In certain regions, for example in Bavaria, it is still common in pubs to eat with your hat on. Women are not required to take off hats, veils, or other kinds of headdresses because these are considered part of their hairdos. Wearing baseball caps or sunglasses during a meal is inacceptable. They cover the eyes and eyebrows and conceal the person's facial expressions, so that one can no longer be sure of the other person's continued peaceful intentions.

1   Döbler, 2000, p. 159

¶ Kleidung ist ein Kommunikationsmittel, das hilft, unbekannte Menschen einzuschätzen und ihre Funktion zu erkennen. Durch Uniform und Berufstracht unterscheiden sich Feuerwehrleute im Einsatz oder das Servierpersonal im Restaurant von den übrigen Anwesenden. Kein Wunder, dass sich auch Essende selbst oft und gern (unterbewusst) hinsichtlich ihrer Garderobe einer gewissen Etikette unterwerfen.

¶ Bereits in der Antike gab es generelle Gesetze, die das Material, die Ausführung und den Schnitt der Kleider – nicht nur beim Essen – reglementierten. Das Gewand war weniger eine Frage des Geschmacks, sondern vielmehr dem sozialen Status entsprechend vorgegeben. Ab dem 14. Jahrhundert erließen Landesherren, Reichstage oder Stadträte im Rahmen der allgemeinen Gesetzgebung immer wieder Kleiderordnungen, die den einzelnen Ständen, den Angehörigen der verschiedenen Religionen sowie den beiden Geschlechtern das Tragen bestimmter Gewänder vorschrieben – und gleichzeitig einen allzu prächtigen, farbigen oder sexuellen Aufputz verboten. Mit freizügigen oder luxuriösen Aufmachungen fürchtete man, Gott zu erzürnen.

¶ Clothing is a means of communication that helps us evaluate strangers and recognize their functions. Uniforms set firefighters in action or waiters and waitresses in a restaurant apart from the rest of the people present. No wonder diners submit often and willingly (albeit subconsciously) to a certain dress "etiquette".

¶ Even back in antiquity there were general laws governing the material, execution, and cut of all apparel, not just dining wear. Clothing wasn't a question of taste; more than anything it was prescribed by one's social status. From the fourteenth century on, sovereigns, diets, or town councilors passed a series of dress codes stipulating the specific clothing to be worn by men or women and the members of the individual classes and the various religions – and at the same time forbidding anything too opulent, colorful, or sexy. One was afraid that excessively wanton or luxurious attire would arouse the wrath of God.

Was wir beim Essen tragen und was nicht, ist weder rational noch funktionell.

What we do or don't wear when we eat is neither rational nor functional.

¶ Heute beschränken sich gesetzliche Kleidungsverbote auf verfassungsfeindliche Symbole oder das Herabwürdigen von Uniformen. An ihre Stelle sind Dresscodes für berufliche und private Anlässe aller Art getreten, zu denen auch erwünschte oder unerwünschte Outfits für das Essen zählen. Zwar werden extrem formelle Kleidungsstücke, wie Frack, Smoking oder Abendkleid, nur noch in den seltensten Fällen – etwa für ein Dinner bei der Queen – vorgeschrieben; selbst Jackett, Hemd und Krawatte sind nur noch in wenigen Restaurants tatsächlich verpflichtend. Dennoch verleiht man dem gemeinsamen Essen gerne einen förmlicheren Charakter als anderen Alltagstätigkeiten und erwartet von den Beteiligten, sich dafür sauber, elegant und nicht zu freizügig zu kleiden. Arbeitskleidung, zerschlissene oder verschmutzte Teile und Nacktheit sind verpönt. Die formellere, oft eigens zu diesem Zweck zurechtgemachte Ausstattung, mit der man sich zum Essen begibt, ist auch ein Befreiungsschlag vom Alltag. Blaumänner, Arbeitsmäntel, Schürzen, Helme, Mundschutz und Ohrenschützer werden nach Möglichkeit abgelegt, sobald man sich zu Tisch begibt. Isst man außer Haus, sei es im Rahmen einer Einladung oder im Restaurant, hat die Garderobe ohnehin stets frisch, blitzsauber, gebügelt und korrekt angelegt zu sein.

¶ Mit dem Dinnerjackett – oder Smoking – wurde Mitte des 19. Jahrhunderts sogar eine elegante Oberbekleidung eigens für das Essen geschaffen. Ursprünglich trugen die Herren der feinen Gesellschaft den Smoking allerdings nicht bei Tisch, sondern nur zum anschließenden Digestif, den sie im Raucherzimmer einnahmen – und das aus Rücksicht auf die Damen. Da man diesen am Folgeabend keine verrauchten Sakkos zumuten wollte, tauschte man die Frackjacke nach dem Essen gegen die sogenannte Smoking Jacket, eine dunkle, rote, grüne oder blaue Samtjacke. Der Wechsel der Kleidung hatte auch protokollarischen Stellenwert: Er zeigte das Ende des offiziellen Teils des Abends an.

¶ Today the only laws governing what we wear are those that ban unconstitutional symbols or prohibit the bringing of contempt on uniforms. Instead, we now have dress codes for every professional and private occasion, including what constitutes a desirable or undesirable dining outfit. These days extremely formal items of clothing such as a tailcoat, tuxedo, or evening gown are required in only the rarest of cases – dinner with the Queen, for example – and only a handful of restaurants still strictly enforce a jacket, shirt, and tie dress code. Nevertheless, we enjoy lending a shared meal a more formal character than other everyday activities, and we expect the other members of the dining group to show up at the table clean, elegant, and decently dressed. Work clothes, torn or dirty garments, and nudity are frowned upon. What one wears to the table allows one to leave one's daily routine behind. Overalls, work coats, aprons, helmets, dust masks, and earplugs are, if possible, set aside when one sits down at the table. If one eats outside the home – whether invited to dinner or dining at a restaurant – one's attire should always be fresh, spotless, ironed, and neatly arranged.

¶ In the mid-nineteenth century an elegant article of clothing, the dinner jacket, was designed specifically for dining. Its forerunner was the smoking jacket, which gentlemen in high society wore not for dinner but for the digestif afterwards, which – out of consideration for the ladies – they retired to the smoking room to drink. To further spare women the smell of jackets steeped in stale smoke the following evening, they traded their tailcoats for a so-called smoking jacket – a dark red, green, or blue short velvet robe de chambre. In terms of protocol, changing jackets also marked the end of the official part of the evening.

Die europäischen Gepflogenheiten zum Beispiel regeln relativ strikt, welche Körperteile beim Essen mit Textilien zu bedecken sind und welche nicht.

European conventions, for example, are relatively strict about which body parts are and are not to be covered by garments during the meal.

¶ Im späten 19. Jahrhundert soll der englische König Eduard VII. eine elegantere Variante des Raucheranzugs aus schwarzem Stoff als bequeme Alternative zum Frack auf Dinnerparties eingeführt haben. Bei informellen Anlässen, wie privaten Essenseinladungen, zog man den Smoking nun tatsächlich bereits vor und nicht mehr nach dem Essen an. Auf großen Abendgesellschaften dagegen blieb der Frack noch bis nach dem Ersten Weltkrieg die einzig adäquate Herrenbekleidung. Auch heute werden Frack und Smoking vielfach noch beim Essen getragen – allerdings nicht von den Speisenden, sondern vom Kellner.

¶ Was wir beim Essen tragen und was nicht, ist weder rational noch funktionell. Andernfalls müssten wir bei Tisch große Kleiderschürzen oder Lätze tragen, die das darunter liegende »schöne« Gewand vor Flecken schützen. Ganz im Gegenteil ist Kleidung repräsentativ, und sie hilft uns, in jene Rolle zu schlüpfen, die wir im sozialen Umfeld offiziell einnehmen oder gerne einnehmen möchten. Essbekleidung ist ein öffentlicher Ausdruck dessen, wie wir von den anderen gerne wahrgenommen werden wollen. Die Kleidung, die wir zur Nahrungsaufnahme anlegen, ist auch nicht bequem, andernfalls setzten wir uns im Bademantel an den Tisch, wie man es im alten Rom tat. Zum Essen trug man dort keine formelle, sondern bequeme Kleidung, die sogenannte »vestis cenatoria«. Nach dem Bad, das dem Abendessen stets vorausging, legte man nicht mehr die Toga an, sondern ein bequemes Gewand aus grüner oder violetter Baumwolle oder Seide. Dieses legere Outfit wurde für die entspannte Atmosphäre, die das Essen bieten sollte, als durchaus passend erachtet, während eine steife Bekleidung als hinderlich und deplaziert galt. An den Füßen trug man daher auch keine Schuhe, sondern man schlüpfte in gemütliche Sandalen. Ähnlich verfahren auch JapanerInnen, wenn sie nach dem abendlichen Bad im »Yukata«, einem leichten Baumwollkimono, ähnlich einem Bademantel, speisen.

¶ In the late nineteenth century King Edward VII of England is said to have introduced a more elegant version of the smoking jacket to dinner parties as a comfortable alternative to the tailcoat. Appropriate for informal affairs and private dinner invitations, the black dinner jacket was donned before the meal and not afterwards. For large soirees, however, the tailcoat remained the only adequate men's garment until after World War I. Even today the tailcoat and dinner jacket are often still worn during meals – not by the diner, however, but by the waiter.

¶ What we do or don't wear when we eat is neither rational nor functional. If it were, we would all come to the table in giant aprons or bibs to protect our "nice" clothes underneath. On the contrary, dining wear is a form of display that helps us slip into the official role we play in our social environment – or the one we would like to play. It is the outward expression of how we want to be perceived by others. The clothes we put on for dinner are by no means comfortable; if that were the criterion, we'd be better off wearing a bathrobe to the table like the ancient Romans. They opted not for formal attire but a loose robe, the so-called "vestis cenatoria". After the bath, which always preceded the evening meal, they slipped into a comfortable cloak made of green or purple cotton or silk. This casual outfit was deemed appropriate for the relaxed atmosphere of the meal, whereas stiff, formal clothing was considered constricting and out of place. On their feet they wore sandals rather than shoes. At a Japanese thermal bath or "onsen" the custom of slipping into a "yukata" – a light, bathrobe-like cotton kimono – for dinner is quite similar.

Literatur|Bibliography

The sources cited in both the English and German text refer to the works listed in the bibliography and not necessarily to those in the English or original language.

Barlösius, Eva, *Soziologie des Essens. Eine sozial- und kulturwissenschaftliche Einführung in die Ernährungsforschung*, Juventa Verlag, Weinheim und München, 1999

Baudrillard, Jean, *Das System der Dinge. Über unser Verhältnis zu den alltäglichen Gegenständen*, Campus Bibliothek, Frankfurt am Main, 2007

Bauer, Wolfgang-Otto, *Europäisches Besteck-Design 1948–2000*, The Bauer Design-Collection, Arnoldsche, Stuttgart, 2007

Bense, Max, *Zeichen und Design, Semiotische Ästhetik*, Agis, Baden-Baden, 1971

Berger, Peter, Luckmann, Thomas, *Die gesellschaftliche Konstruktion der Wirklichkeit*, Fischer, Frankfurt am Main, 2009

Biswas, Ramesh K., Mattl, Siegfried, Davis-Sulikowski, Ulrike, *Götterspeisen*, Springer, Wien, 1997

Bompas, Sam, Parr, Harry, *Jelly with Bompas & Parr*, Pavilion Books, London, 2010

Braudel, Fernand, *Sozialgeschichte des 15. bis 18. Jahrhunderts*, Kindler, München, 1985

Brugger, Ingried, Eipeldauer, Heike, *Augenschmaus, vom Essen im Stillleben*, Prestel, München, 2010

Bürdek, Bernhard E., *Design. Geschichte, Theorie und Praxis der Produktgestaltung*, Birkhäuser, Köln, 1991

Bürdek, Bernhard E., *Über Sprache, Gegenstände und Design*, in: *formdiskurs, Zeitschrift für Design und Teorie*, 3, II, 1997

Burkert, Walter, *Wilder Ursprung. Opferritual und Mythos bei den Griechen*, Wagenbach, Berlin,1990

Camporesi, Piero, *Der feine Geschmack. Luxus und Moden im 18. Jahrhundert*, Campus Verlag, Frankfurt am Main, 1992

Catterall, Claire (ed.), *Food, Design & Culture*, Laurence King, London, 1999

Därmann, Iris, Lemke, Harald (Hg.), *Die Tischgesellschaft. Philosophische und kulturwissenschaftliche Annäherungen*, Transcript Verlag, Bielefeld, 2008

Döbler, Hannsferdinand, *Kochkünste und Tafelfreuden*, Orbis, 2002

Douglas, Mary, *Ritual, Tabu und Körpersymbolik. Sozialanthropologische Studien in Industriegesellschaft und Stammeskultur*, Fischer Verlag, Frankfurt am Main, 1986

Eickhoff, Hajo, *Himmelsthron und Schaukelstuhl. Die Geschichte des Sitzens*, Carl Hanser Verlag, München, Wien, 1993

Eidam, Hardy, Grotkamp-Schepers, Barbara, Heise, Ulla, Schepers, Wolfgang, *Zu Gast. 4000 Jahre Gastgewerbe*, Stadtmuseum Erfurt, Deutsches Klingenmuseum Solingen, Museum August Kestner Hannover, 2008

Elias, Norbert, *Über den Prozess der Zivilisation*, Suhrkamp, Frankfurt am Main, 1997

Elschenbroich, Donata, *Die Dinge. Expeditionen zu den Gegenständen des täglichen Lebens*, Verlag Antje Kunstmann, München, 2010

Erlhoff, Michael, Marshall, Tim (Hg.), *Wörterbuch Design. Begriffliche Perspektiven des Design*, Board of international Research in Design (BIRD), Birkhäuser, Basel, 2008

Fröschl, Cornelia, *Architektur für die schnelle Küche. Esskultur im Wandel*, Verlagsanstalt Alexander Koch, Leinfelden-Echterdingen, 2003

Gosling, Sam, *snoop, What your stuff says about you*, profile books ltd, surrey, 2008

Gottwald, Franz-Theo, Kolmer, Lothar (Hg.), *Speiserituale, Essen, Trinken, Sakralität*, S. Hirzel Verlag, Stuttgart, 2005 und darin: *Heiliges Fleisch und sozialer Leib. Ritual-fiktion in antiker Opferpraxis und christlicher Eucharistie* von Gerhard Baudy

Grotkamp-Schepers, Barbara, Schepers, Wolfgang, Erdmann, Günther, *Kunststoff auf Reisen. Essen unterwegs*, Deutsches Klingenmuseum, Solingen, Kunststoff-Museums-Verein, Düsseldorf, 1997

Guixé, Marti, *1:1*, 010 Publishers, Rotterdam, 2002

Gutmayer, Wilhelm, Stickler, Hans, Lenger, Heinz, *Service. Die Grundlagen*, Trauner Verlag, 2011

Gutmayer, Wilhelm, Stickler, Hans, Lenger, Heinz, Kalinka, Walter, *Service. Die Meisterklasse*, Trauner Verlag, 2006

Hirschfelder, Gunther, *Europäische Esskultur. Geschichte der Ernährung von der Steinzeit bis heute*, Campus, Frankfurt am Main 2001

Hürlimann, Annemarie, Reininghaus, Alexandra, *Mäßig und Gefräßig*, MAK-Österreichisches Museum für angewandte Kunst, Wien, 1996

Kaller-Dietrich, Martina, *Essen unterwegs. Eine kleine Globalgeschichte von Mobilität und Wandel am Teller*, Verlag Bibliothek der Provinz, Weitra, 2011

Kaller-Dietrich, Martina, *Frauen Kochen. Kulturhistorisch-anthropologische Blicke auf Köchin, Küche und Essen*, Studien Verlag, Innsbruck, 2001

Kaufmann, Jean-Claude, *Kochende Leidenschaft: Soziologie vom Kochen und Essen*, UVK Verlagsgesellschaft mbH, Konstanz, 2006

Klanten, Robert, Ehmann, Sven, Moreno, Shonquis, Schulze, Floyd, Wagner, Ole, Raymond, Martin, Sanderson, Chris (ed.), *Create, eating design and future food*, Gestalten, Berlin, 2008

Kolmer, Lothar (Hg.), *Finger fertig. Eine Kulturgeschichte der Serviette*, LIT Verlag, Wien, 2008

Kolmer, Lothar, Rohr, Christian (Hg.), *Mahl und Repräsentation. Der Kult ums Essen*, Schöningh, Paderborn, 2002

Korsmeyer, Carolyn, *Making sense of taste. Food and Philosophy*, University Press, Cornell, 1999

Krippendorff, Klaus, *the semantic turn, a new foundation for design*, Taylor & Francis Boca Raton, London, New York, 2006

Lentz, Carola, *The Porrigde debate. Grain, Nutrition and forgotten Food Preperation Techniques, In Changing Food Habits*, Harwood Academic Publishers, Australia, 1999

Lemke, Harald, *Ethik des Essens. Eine Einführung in die Gastrosophie*, Akademie Verlag, Berlin, 2007

Lemke, Harald, *Die Kunst des Essens. Eine Ästhetik des kulinarischen Geschmacks*, Transcript, Bielefeld, 2007

Levenstein, Harvey, *Revolution at the table. The Transformation of the American Diet*, University of California Press, Berkley, Los Angeles, 2003

Lévi-Strauss, Claude, *Mythologica III. Der Ursprung der Tischsitten*, Suhrkamp, Frankfurt am Main, 2003

Lorenzer, Alfred, *Das Konzil der Buchhalter. Die Zerstörung der Sinnlichkeit, eine Religionskritik*, Europäische Verlags-anstalt, Frankfurt am Main, 1981

Maffei, Stefano, Parini, Barbara, *Foodmood*, Mondadori Electa, Mailand, 2010

Marquardt, Klaus, *Europäisches Essbesteck aus acht Jahrhunderten*, Arnoldsche, Stuttgart, 1997

Meier, Cordula (Hg.), *Design Theorie. Beiträge zu einer Disziplin*, Anabas, Wetzlar, 2001

Miller, Judith, *Stil Design Kult. Der Stuhl*, Deutsche Verlags-Anstalt, München, 2010

Mennell, Stephen, *Die Kultivierung des Appetits. Die Geschichte des Essens vom Mittelalter bis heute*, Frankfurt am Main, 1988

Michel, Ralf (Hg.), *Design research now*, Birkhäuser, Basel, 2007

Miller, Jeff, Deutsch, Jonathan, *Food Studies. An Introduction to Research Methods*, Berg-Publisher, 2009

Montanari, Massimo, *Der Hunger und der Überfluss. Kulturgeschichte der Ernährung in Europa*, C. H. Beck, München, 1993

Morel, Andreas, *Der gedeckte Tisch. Zur Geschichte der Tafelkultur*, Punktum, Zürich, 2001

Moulin, Leo, *Augenlust & Tafelfreude. Essen und Trinken in Europa – eine Kulturgeschichte*, Zabert Sandmann, München, 2002

Neumann, Gerhard, Wierlacher, Alois, Teuteberg, Hans Jürgen (Hg.), *Kulturthema Essen. Ansichten und Problemfelder*, Akademie Verlag, Berlin, 1993 und darin:
Neumann, Gerhard, *Jede Nahrung ist ein Symbol. Umrisse einer Kulturwissenschaft des Essens*

Paczensky, Gert von, Dünnebier, Anna, *Kulturgeschichte des Essens und Trinkens*, Orbis Verlag, München, 1999

Papanek, Victor, *Design for the real world*, Thames and Hudson, London, 1984; *Design für die reale Welt*, Springer, 2009

Ploeger, Angelika, Hirschfelder, Gunther, Schönberger, Gesa (Hg), *Die Zukunft auf dem Tisch. Analysen, Trends und Perspektiven der Ernährung von morgen*, vs Verlag, Wiesbaden, 2011

Prahl, Hans-Werner, Setzwein, Monika, *Soziologie der Ernährung*, Leske und Budrich Verlag, Opladen, 1999

Schilling, Barbara, *Tischkultur in der bürgerlichen Gesellschaft des 19. Jahrhunderts*, Grin Verlag, München, 2007

Schwendter, Rolf, *Arme essen, Reiche speisen. Neuere Sozialgeschichte der zentraleuropäischen Gastronomie*, Promedia, Wien, 1995

Sorgo, Gabriele, *Abendmahl in Teufels Küche, Über die Mysterien der Warenwelt*, Styria, Wien, 2006

Steffen, Dagmar, *Zur Theorie der Produktsprache*, in: *formdiskurs, Zeitschrift für Design und Teorie*, 3, II, 1997

Steffen, Dagmar (Hg.), *Welche Dinge braucht der Mensch*, Anabas Verlag, Gießen, 1995

Teuteberg, Hans Jürgen (Hg.), *Essen und kulturelle Identität*, Akademie Verlag, Berlin, 1997

Thimm, Utz, Wellmann Karl-Heinz (Hg.), *Essen ist menschlich. Zur Nahrungskultur der Gegenwart*, Suhrkamp, Frankfurt, 2003

Vihma, Susann, *Semantische Qualitäten im Design*, in: *formdiskurs, Zeitschrift für Design und Teorie*, 3, II, 1997

Visser, Margaret, *Since Eve Ate Apples Much Depends on Dinner*, Grove Press, New York, 2008

Marije, Love, *Food Concepts by eating designer Marije Vogelzang*, BIS Publishers, Amsterdam, 2008

Walker, John, *Designgeschichte. Perspektiven einer wissenschaftlichen Disziplin*, Scaneg, München, 1992

Wansink, Brian, *Essen ohne Sinn und Verstand. Wie die Lebensmittelindustrie uns manipuliert*, Campus, Frankfurt, New York, 2008

Wansink, Brian, *Environmental Factors that Increase the Food Intake and Consumption Volume of Unknowing Consumers. Annual Review of Nutrition*, Volume 24, 2004, p.455-479

Weiss, Hilde, *Zurück zu den Fingern. Geschichte der Esskultur*, Version vom 4. November 2005, im Internet Archive

Unser spezieller Dank gilt

Ingeborg Gasser-Kriss, Markus Hanzer und
Clemens Schedler

Und wir bedanken uns bei

Gerald Benesch, Emil Brix, Bernhard Bürdek,
Earlwyn Covington, Stefan Dreiszker,
Klaus Dürrschmid, Hubert Ehalt,
Toni Faber, Michal Friedlander, Heike Fries,
Thomas Geisler, Eva Gombocz, Christiane Grefe,
Josef und Sieglinde Groiss, Barbara Grotkamp,
Martha und Hubert Hablesreiter, Roland Hablesreiter,
Sibylle und Kurt Hamtil, Tom Hanslmaier,
Markus Hiden, Reingard Hechtl, Christian Herrlich,
Martina Kaller-Dietrich, Valentina Köb,
Andreas Krawanja, Caroline Kufferath,
Harvey Levenstein, Larissa Leverenz, Jutta Meyer,
Achim Meyerhofer, Agnes Nagy, Jeanette Pacher,
Wolfgang Pauser, Brent Richards, Christoph Riedl,
Gerhard Riess, Barbara Schatzker, Wolfgang Schepers,
Jan Schlink, Bianca Schneider, Günter Schönberger,
Gabriele Sorgo, Christian Stromann,
Hannelore und Gerhard Stummerer, Kim Thornton,
Claudia Uth, Marije Vogelzang, Thomas Vilgis,
Barbara Weissenbeck, Marcus Winkler,
Heribert Wolfmayr, Martin Wurzer Berger,
Francesca Zampollo und Elisabeth Zimmermann

**Wir bedanken uns
für die freundliche Unterstützung bei**

- Adidas
- Erzdiözese Wien
- Gastgewerbefachschule Wien
- Gasthaus Steindl Wien
- Gasthaus Woracziczky Wien
- Hotel Imperial Wien
- IKEA
- Johann Springer's Erben Wien
- Café Landtmann Wien
- Palais Liechtenstein
- Pension Hollmann Wien
- Restaurant Steirereck Wien
- ÖAMTC
- Wiener Privatklinik

DIE MÖBELMARKE
MIT CHARAKTER
www.miaa.at

Einzigartiges Design für jeden Wohnbereich

Ein Wohnsystem, das wie kein anderes an die persönlichen Vorstellungen und Wünsche anpassbar ist. Die Variantenvielfalt an Materialien, Fronten und Korpusformen sowie an Lack- und Colorfarben setzen ungeahnte Möglichkeiten im Wohnbereich.

···

miaa – eine Marke der Tischlerei Andexlinger GmbH · 4170 Haslach

TAKE **VIENNA** HOME

rosa
mosa ®

WIENER
SILBER
MANUFACTUR

Sonja Stummerer & Martin Hablesreiter

Sonja Stummerer und Martin Hablesreiter studierten in Wien, London und Barcelona Architektur. Danach arbeiteten sie ein Jahr lang als ArchitektInnen in Tokio in Japan, ehe sie 2003 in Wien das interdisziplinäre Designatelier honey & bunny gründeten. Sie bauten mehrfach in Wien, führten Regie bei »food design – der Film«, kuratierten die Ausstellung »food design« im Wiener Museumsquartier und nahmen als Designer und eat art KünstlerInnen an zahlreichen internationalen Einzel- und Gruppenausstellungen, unter anderem in Mailand, Amsterdam, Gwangju und Hannover, teil.

¶ 2005 publizierten sie das Buch »food design – von der Funktion zum Genuss« (Springer Wien / NY) und 2009 »food design XL« (Springer Wien / NY). Beide Bücher wurden mehrfach ausgezeichnet. Stummerer und Hablesreiter hielten zahlreiche internationale Vorträge, waren als GastprofessorInnen in Bukarest, Istanbul und in Chennai tätig und lehren gegenwärtig an der Universität Salzburg und an der Austrian Marketing University of Applied Sciences. www.honeyandbunny.com

Ulrike Köb

Ulrike Köb gründete 1988 ein Fotostudio mit Schwerpunkt Food- und Stillife in Wien. Sie macht Fotografien für diverse Koch- und Fachbücher wie »Die süsse Küche«, »Pilze«, »Wildkräuter-Delikatessen«, »Soja«, »Genussland Österreich«, »Faszination Gemüse«, Werbefotografie für Lebensmittelkunden und Fotos für Fachmagazine mit Schwerpunkt Essen und Trinken. www.koeb.at

Daisuke Akita

Daisuke Akita wurde 1968 in Tokyo in Japan geboren. Er ist professioneller Lifestyle- und Werbefotograf. Seine Arbeiten sind in den Sammlungen führender Japanischer Museen vertreten. www.daisukeakita.com

Sonja Stummerer & Martin Hablesreiter

Sonja Stummerer and Martin Hablesreiter studied architecture in Vienna, London, and Barcelona. After graduation they worked for a year as architects in Tokyo, Japan, before founding the interdisciplinary architecture studio honey & bunny in Vienna in 2003. They have realized several building projects in Vienna, directed a movie "food design – der Film", curated the exhibition "food design" at the MuseumsQuartier Wien, and participated as designers and eat art artists in numerous international solo and group exhibitions, among others in Milan, Amsterdam, Gwangju, and Hanover.

¶ In 2005 they published the book "food design – von der Funktion zum Genuss" (Springer Vienna/NY) and in 2009 "food design XL" (Springer Vienna/NY). Both books have received numerous awards. Stummerer and Hablesreiter have given many international talks, were visiting professors in Bucharest (RO), Istanbul (TR), and Chennai (IN), and currently teach at the University of Salzburg and the Austrian Marketing University of Applied Sciences. www.honeyandbunny.com

Ulrike Köb

Ulrike Köb founded her photo studio with a focus on food and still life in Vienna in 1988. She photographs for cookbooks and specialized publications, e.g. "Die süsse Küche", "Pilze", "Wildkräuter-Delikatessen", "Soja", "Genussland Österreich", "Faszination Gemüse". Her work also includes commercial photography for food clients and photos for journals specializing in food and drink. www.koeb.at

Daisuke Akita

Daisuke Akita was born in Tokyo in 1968. He is a professional lifestyle and commercial photographer whose work belongs to the permanent collections of major museums in Japan. www.daisukeakita.com